高卒程度公務員試験

畑中敦子の天下無敵の数的処理!

①判断推理・空間把握編

第3版

はじめに

　数的処理というのは、公務員試験独自の試験分野で、判断推理、数的推理、資料解釈の３つの科目からなります。また、判断推理の図形分野を特に空間把握といいます。いずれも一般知能と呼ばれる内容で、考えて解く科目になりますね。

　そのうち本書では、判断推理と空間把握を、別冊「畑中敦子の天下無敵の数的処理！②数的推理・資料解釈編」で、数的推理と資料解釈を扱います。

　判断推理というのは、推理クイズのような問題、空間把握というのはパズルのような問題が中心です。いずれも、知識などはほとんど必要ありませんので、時間をかけてじっくり考えれば、たいていの問題は解くことができるでしょう。

　しかし、高卒程度公務員試験の解答時間は、１問平均2.5〜3.0分程度です。他の科目で調整しても、せいぜい４，５分で解かねばならず、じっくり解いている時間はありません。つまり、この科目の勉強は、知識を得るというよりは、速く解くための練習をするということになりますね。

　では、その勉強方法ですが、はじめに、問題や解法にはパターンがありますので、これを覚え、慣れることが大切です。本書はそのために作られた本ですので、まず、本書を一通り読み込みましょう。最初は自力で解いてもいいですし、いきなり解説を読んでもかまいません。いずれにしても、解法をしっかり確認することが大事です。そして、その後で、必ず自身の手でもう一度解いてみてください。頭の中での理解だけでなく、手を動かすことが大事です。無駄なく最短の時間で解けるようになるまで練習してみてください。

　そして、本書を一通り終えたら、志望先の過去問をできるだけ多く解いてください。試験ごとに特徴や傾向がありますし、同じような問題が繰り返し出題されることもよくあります。過去問の研究はマストです。

　数的処理を得意科目にすれば、合格へかなり近づくことができます。本書をご活用いただいた受験生の皆さんが、合格、内定を勝ち取られ、夢への一歩を踏み出すことができきますよう、心よりお祈りしております。

令和５年３月

畑中敦子

CONTENTS

本書の効果的活用法

SECTION
判断推理と空間把握を16の
セクションに分けたよ。それ
ぞれ個性があるけど、苦手分
野を作らないようにね!

タイトル
項目に一言メッセージ
を添えたよ。

重要度
5段階で、赤い部分
が多いほど重要。

ガイダンス
それぞれの項目の内
容と出題頻度を簡単
に紹介。

パターン
まずは、典型的なパ
ターン問題から始め
よう! この問題を
通して解法パターン
を覚えるんだ。

判断推理の第一人者、
畑中敦子先生の解説。
わかりやすさはハンパ
ないよ!

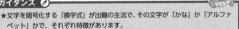

SECTION 08 暗号 ➡ 規則性から解読せよ!

重要度

ガイダンス
★文字を暗号化する「換字式」が出題の主流で、その文字が「かな」か「アルファ
ベット」かで、それぞれ特徴があります。
★出題頻度はさほど高くありませんが、特別区ではほぼ毎年出題されています。

パターン 27
時刻を利用したある暗号で、「いちじさんじゅっぷん」が「2:20、5:20、4:
25、4:10、12:00、4:25、9:33、5:33、7:38、12:00」と表される
とき、同じ法則で「7:50、12:00、4:20、9:33、2:30、6:20、2:
10、10:30、6:50、7:10」と表される言葉から連想される言葉として、
最も妥当なのはどれか。　　　　　　　　　　　▶特別区Ⅲ類 2021

1. 沖縄県
2. 高知県
3. 長野県
4. 福岡県
5. 北海道

「いちじさんじゅっぷん」という10個のかな文字
が、10個の時刻で表されていますので、次のように、
かな文字1個に1個の時刻が対応すると考えられま
す。

2:20	5:20	4:25	4:10	12:00
い	ち	じ	さ	ん

4:25	9:33	5:33	7:38	12:00
じ	じゅ	っ	ぷ	ん

かな文字の暗号は、「50音表」に対応するパター
ンがほとんどですので、本問もその規則性に従ってい

ちょっと補足

「じ」と「ん」は2つずつある
けど、それぞれ同じ時刻で表さ
れているから、この対応で間違
いなさそうだね。

出典

最新の本試験問題を中心に、古き良き問題も豊富に掲載。7ページの「出典表記の補足」も参考にしてね。

Exercise

パターン問題が解けたら、ここで力試し！まずは自力で解いてみよう！

Ｅｘｅｒｃｉｓｅ 82

図のような正八面体をどの頂点も通らない一つの平面で切る場合、切る位置によって切り口の形は変わる。次のＡ～Ｄのうち、切り口の形としてできる可能性があるもののみを全て挙げているのはどれか。　📖海上保安学校（特別）2022

A：三角形
B：四角形
C：六角形
D：七角形

1．A，B，D
2．A，C
3．B，C，D
4．B，C
5．C，D

側注

必要な公式や法則、そしてボクのアドバイスなど、本文の先生の解説をさりげなくサポートするよ。それぞれの内容は次ページ！

側注表記の意味は次ページ ➡

正八面体は、1つの頂点の周りに4枚の面が集まっていますので、たとえば、図1のように、頂点Aに集まる4面を通るように切ると、四角形の切り口が現れます。

すなわち、最少でも4面を通って切ることになりますから、三角形の切断面が現れることはありません。

ナットクいかない方はこちら

少なくとも1つは角を切り落とすことになるから、4面以上に切断線が入るってこと。

図1

ここで選択肢を斬る！
AはNG、BはOKだから、肢3，4に絞られるね。

次に、六角形ですが、たとえば、図2のように、ある面Bから切り込みを入れ、その向かいの面Cへ抜けるように切ると、6面を通って切ることになり、六角形の切り口が現れます。

ちょっと補足
いずれも辺の中点を通るように切ると、正六角形になるよ。

側注表記の意味

One Point Advice
ワンポイントアドバイス

リーグ戦の問題はこのような「勝敗表」に整理できる問題が多いよ。
勝敗（○×）以外にも、得点とかスケジュールを書き込むこともできるしね。

> 失敗しないためのアドバイス！ここは欠かさず読んでね！

ちょっと補足

Bの3個と「18」を除く（3，6，9，15，21）の5個から探してね！

> 先生の解説にちょい足し☆けっこう役に立つと思うよ！

ナットクいかない方はこちら

Aを0とし、右をプラスとすると、Bは＋500、Dは＋1000、Cは－500、Eは－1500で、5人の平均は－100だから、Aは平均以上になるけど、逆にすると平均が＋100で、Aが平均以下になっちゃうね！

> 「!?」って思ったら読んでね。思わなかったら飛ばしてOK！

ここで選択肢を斬る！

肢1，2，5は軌跡がP_1の位置を通っていないので、ここで消去！

> 解法の途中で選択肢が切れるポイントをチェック！

公式

リーグ戦の試合数

n 人（チーム）でリーグ戦
を行うときの総試合数

$$\frac{n(n-1)}{2}（試合）$$

問題を解くのに必要な公式，法則
もこんな形で載ってるよ！

法則

展開図の重なる辺
①最小の角をなす辺（原則）
②その隣りどうし

ここが
ポイント！

文字通り，その問題のポイント！
大事なところだからしっかり理解し
てね！

さあ！始まるぞ！

本書に掲載している過去問の出典表記の補足です	
国家一般職	国家一般職（高卒）の問題です
国家Ⅲ種	現在の「国家一般職（高卒）」の問題です（2012 年より改定）
裁判所職員一般職	裁判所職員一般職（高卒）の問題です
裁判所事務官Ⅲ種	現在の「裁判所職員一般職（高卒）」の問題です（2012 年より改定）
入国警備官等	入国警備官，海上保安学校学生，航空保安大学校学生，皇宮護衛官（高卒）の共通問題です
海上保安大学校等	海上保安大学校学生，気象大学校学生の共通問題です

SECTION 01

対応関係 ➡ 表に整理せよ！

重要度

ガイダンス

★たとえば、人と職業などの複数項目の対応関係を推理する問題で、主に「対応表」という表に情報を整理して解きます。

★出題頻度はけっこう高く、判断推理の中ではメジャーな分野です。

パターン 1

あるファーストフード店では、ハンバーガーにトマト，ベーコン，チーズ，レタスの４種類のトッピングのうち、いくつかを追加することができる。A～Eの５人がこの店で１人１個ずつハンバーガーを注文した。この際に追加したトッピングについて次のことが分かっているとき、確実にいえるのはどれか。

🖋 刑務官 2014

ア　追加したトッピングが完全に同一だった者はいなかった。

イ　チーズを追加したのは３人で、ベーコンを追加したのはDだけであった。

ウ　Aはチーズを追加しなかった。

エ　A，B，Dが追加したトッピングの中に３人に共通のものが一つだけあった。

オ　Cのみ３種類のトッピングを追加し、他の４人は２種類のトッピングを追加した。

カ　Dはトマトを追加しなかった。

キ　DとEが追加したトッピングには共通のものが一つもなかった。

1．トマトを追加したのは４人であった。

2．チーズとベーコンを追加した者が１人いた。

3．Bはトマトを追加した。

4．Dはレタスを追加した。

5．Eはチーズを追加しなかった。

A〜Eと追加したトッピングの対応関係を推理する
問題ですね。このような問題は、「対応表」という表
に整理をするのが一般的です。ここでは、縦にA〜E
の5人、横にトッピング4種類をとって表を作成し、
追加したトッピングに○を記入します。

まず、条件イ、ウ、オ、カからわかるところを記入
します。条件イより、ベーコンはDだけですから、他
の4人には×を入れて、表1のようになります。

ワンポイントアドバイス
One Point Advice

「トマト」や「ベーコン」などは、
わかる程度に省略しよう！　表
もフリーハンドでサクサク書こ
う！　丁寧に書いてる時間はな
いし、本番で定規は使えない！
条件イのように合計がわかると
きは、合計欄も用意しておこう！

表1

	トマ	ベー	チー	レタ	計
A		×	×		2
B		×			2
C		×			3
D	×	○			2
E		×			2
計		1	3		11

表1より、Aが追加した2種類はトマトとレタス、
Cが追加した3種類は、ベーコン以外となります。
また、条件エのA、B、Dが共通して追加したのは、
レタスとわかり、ここまでで表2を得ます。

ナットクいかない方はこちら

レタス以外は、A、B、Dのい
ずれかに×が入っているで
しょ!?

表2

	トマ	ベー	チー	レタ	計
A	○	×	×	○	2
B		×		○	2
C	○	×	○	○	3
D	×	○		○	2
E		×			2
計		1	3		11

ここで
選択肢を斬る！

ここで肢4の正解がわかるよ。

ここで、Dが追加した2種類がわかりましたので、
Dのチーズに×を入れると、チーズを追加した残りの
2人はBとEとなります。これより、Bの2種類もわ
かりましたから、Bのトマトに×を入れましょう。

最後に、条件キより、Eのレタスに×を入れると、トマトに〇が入り、トマトは3人、レタスが4人とわかり、表3のように完成します。

表3

	トマ	ベー	チー	レタ	計
A	〇	×	×	〇	2
B	×	×	〇	〇	2
C	〇	×	〇	〇	3
D	×	〇	×	〇	2
E	〇	×	〇	×	2
計	3	1	3	4	11

これより、選択肢を検討すると、正解は肢4とわかります。

正解 ④

Exercise 1

A～Eの5人はそれぞれ異なる運動部（テニス部，卓球部，水泳部，柔道部，陸上部）に所属している。次のことがわかっているとき、確実にいえるものとして、妥当なのはどれか。

東京消防庁Ⅲ類 2005

ア　Aはテニス部ではない。
イ　Bは卓球部でも、柔道部でもない。
ウ　Cはテニス部か柔道部かのいずれかである。
エ　Dは水泳部である。
オ　陸上部には、AかEのどちらかが所属している。

1．Aは卓球部ではない。
2．Bはテニス部である。
3．Cは柔道部ではない。
4．Eは柔道部である。
5．Aは陸上部ではない。

A～Eの5人と5つの運動部の対応を推理する問題ですね。縦に5人を、横に各運動部をとって、対応表を作成し、所属している部に〇を記入しましょう。

　5人は異なる運動部に所属しているので、各部には1人ずつ、つまり、縦にも横にも〇が1つずつ入ることになります。

　条件ア～オでわかるところまでで表1のようになりますね。

表1

	テ	卓	水	柔	陸
A	×		×		
B		×	×	×	×
C		×	×		×
D	×	×	〇	×	×
E			×		

ちょっと補足

Dの水泳に〇が入ったら、その縦と横の欄には×を記入しよう！

　これより、Bが所属するのはテニス部とわかり、CとEのテニス部に×を入れることによって、Cが所属するのは柔道部とわかり、表2が得られます。

表2

	テ	卓	水	柔	陸
A	×		×	×	
B	〇	×	×	×	×
C	×	×	×	〇	×
D	×	×	〇	×	×
E	×		×	×	

　残るAとEは卓球部と陸上部のいずれかになりますが、これ以上のことはわかりませんので、確定したところまでで、選択肢を検討すると、肢2が正解とわかりますね。

正解②

Exercise 2

歌舞伎，狂言，能，人形浄瑠璃の4種類の鑑賞券が2枚ずつ計8枚ある。この8枚の鑑賞券をA〜Dの4人で分けることにした。次のことが分かっているとき、確実にいえるのはどれか。　　　　　　　　　　入国警備官等 2019

- ア　A〜Dは、それぞれ2種類の鑑賞券を受け取った。
- イ　AとBは、能の鑑賞券を受け取った。
- ウ　Bは、人形浄瑠璃の鑑賞券を受け取らなかった。
- エ　BとCは、1種類は同じ鑑賞券を受け取った。
- オ　Dは、狂言の鑑賞券を受け取った。

1. Aは、歌舞伎の鑑賞券を受け取った。
2. Bは、狂言の鑑賞券を受け取った。
3. Cは、狂言の鑑賞券を受け取った。
4. Cは、人形浄瑠璃の鑑賞券を受け取った。
5. Dは、人形浄瑠璃の鑑賞券を受け取った。

A〜Dの4人と4種類の鑑賞券で対応表を作成し、受け取った鑑賞券に○を記入しましょう。問題の条件と条件アから、表の縦，横とも○が2つずつ記入されることになります。

忘れそうなら、表のそばに書き添えておこう！

条件イ，ウ，オを記入すると、各鑑賞券は2枚なので、能のCとDに×が入り、表1のようになります。

表1

	歌	狂	能	人
A			○	
B			○	×
C			×	
D		○	×	

また、条件エより、BとCは同じ鑑賞券を受け取っていますが、表1より歌舞伎とわかりますね。歌舞伎のBとCに○、AとDに×が入ります。

狂言だと、Dを含めて3人になっちゃうからね。

これで、Bに○が2つ入りましたので、残る狂言には×が入り、Dに×が2つ入りましたので、残る人形浄瑠璃に○が入って表2を得ます。

12

表2

	歌	狂	能	人
A	×		○	
B	○	×	○	×
C	○		×	
D	×	○	×	○

　残るAとCの狂言と人形浄瑠璃には○が１つずつ
入りますが、これ以上は確定しません。
　ここから、選択肢を検討して正解は肢５となりま
す。

正解 ⑤

　ある寿司屋では、アジ，イカ，ウナギ，エビ，大トロ，カニの6種類のネタについて、月曜日から金曜日までの5日間、毎日2種類か3種類を提供できるように、これら6種類のネタがそれぞれ2日ずつ提供された。次のことが分かっているとき、確実にいえることとして最も妥当なのはどれか。

📖 入国警備官等 2022

　ア　アジ，イカ，カニは、3種類ともそれぞれ2日連続して提供された。
　イ　ウナギ，エビ，大トロは、3種類ともそれぞれ1日間隔を空けて提供された。
　ウ　木曜日と金曜日には、3種類のネタが提供された。
　エ　アジは、月曜日に提供された。
　オ　イカは、アジともウナギとも異なる曜日に提供された。
　カ　ウナギは、水曜日に提供された。

1．アジとエビは、同じ曜日に提供された。
2．イカとカニは、2日とも同じ曜日に提供された。
3．ウナギと大トロは、2日とも同じ曜日に提供された。
4．エビは、火曜日に提供された。
5．大トロは、水曜日に提供された。

　6種類のネタと月曜日～金曜日の5日間で対応表を作成し、提供された曜日に○を記入しましょう。

　条件より、6種類のネタが2日ずつですから、○の合計は12ですね。そうすると、条件ウより、木曜日と金曜日は3種類ずつで計6ですから、残りは6で、月曜日～水曜日は2種類とわかります。

　さらに、条件エ，カを記入して、表1のようになります。

表1

	月	火	水	木	金	計
アジ	○					2
イカ						2
ウナ			○			2
エビ						2
大ト						2
カニ						2
計	2	2	2	3	3	12

　条件アより、アジの火曜日に○が入り、条件オより、イカの月曜日～水曜日に×が入りますので、木曜日と金曜日には○が入り、ウナギの木曜日と金曜には×が入ります。

　そうすると、条件イより、ウナギのもう1日は月曜日とわかり、これで月曜日の○が2つになりましたから、他のネタに×を記入し、ここまでで表2を得ます。

表2

	月	火	水	木	金	計
アジ	○	○	×	×	×	2
イカ	×	×	×	○	○	2
ウナ	○	×	○	×	×	2
エビ	×					2
大ト	×					2
カニ	×					2
計	2	2	2	3	3	12

　ここで、火曜日に提供されたもう1つのネタを考えます。仮に、これがカニだとすると、条件アより、水曜日もカニが提供され、残るエビと大トロはいずれも木曜日と金曜日に連続して提供されることになり、条件イに反します。

　よって、火曜日に提供されたのは、エビか大トロの

いずれかですが、この2種類は条件から区別できませんので、表3のように、（　）をつけて「入替えOK」ということにし、（エビ）の火曜日に○を記入します。

そうすると、火曜日の（大トロ）とカニに×が入り、条件イより、（エビ）の木曜日に○、水曜日と金曜日に×が入り、金曜日の（大トロ）とカニに○が入りますから、条件ア，イより、木曜日のカニと、水曜日の（大トロ）に○が入って、表3を得ます。

表3

	月	火	水	木	金	計
アジ	○	○	×	×	×	2
イカ	×	×	×	○	○	2
ウナ	○	×	○	×	×	2
（エビ）	×	○	×	○	×	2
（大ト）	×	×	○	×	○	2
カニ	×	×	×	○	○	2
計	2	2	2	3	3	12

表3より、（エビ）と（大トロ）は入替えOKであることに気をつけて選択肢を確認すると、肢1，4，5については、可能性はありますが確実にはいえず、確実にいえるのは肢2となります。

正解 ②

Exercise 4

A～Eの5人の学生は、電車，バス，自転車の三つの交通手段のうち、一つ又は二つを使って通学している。この5人の通学方法について、次のことが分かっているとき、確実にいえるのはどれか。　　　　　　　　刑務官 2005

　ア　5人の通学方法はすべて異なっている。
　イ　AとEはバスを使っている。
　ウ　電車を使っている人は3人いるが、そのうち1人はBである。
　エ　2つの交通手段を組み合わせている人は、Cの他にもう1人いる。

　1．Aはバスのみで通学している。
　2．Bは電車と自転車を組み合わせて通学している。
　3．Cは電車とバスを組み合わせて通学している。
　4．Dは自転車のみで通学している。
　5．Eはバスと電車を組み合わせて通学している。

　A～Eの5人と3つの交通手段で対応表を作成しましょう。
　条件イ～エから表1のようになりますね。

表1

	電	バ	自	計
A		○		
B	○			
C				2
D				
E		○		
計	3			

　各人が使っている交通手段は1つか2つで、条件エより2つ組み合わせているのが2人ですから、残る3人は1つのみで、すべて異なる（条件ア）ということは、電車のみ、バスのみ、自転車のみが各1人ですね。
　さらに、電車を使っているのが3人ですが、1人は電車のみなので、残る2人は電車とバスが1人と、電車と自転車が1人とわかります。そして、そのう

ここが
ポイント！

ちの1人がCですから、Cは電車を使っており、バ
スと自転車はそれぞれ2人が使っていることがわか
りましたので、Cは電車と自転車を使っていることに
なり、ここまでで表2を得ます。

ナットクいかない方はこちら

バスのみとバス＋電車の2人。
自転車のみと自転車＋電車
の2人だからね。

表2

	電	バ	自	計
A		○		
B	○	×		
C	○	×	○	2
D		×		
E		○		
計	3	2	2	7

　これより、AとEのいずれかがバスのみで、もう1
人は電車とバスを使っているわけですが、どちらかは
確定しませんね。しかし、残るBは電車のみで、Dは
自転車のみであることがわかり、表3のようになり
ます。

表3

	電	バ	自	計
A		○	×	
B	○	×	×	1
C	○	×	○	2
D	×	×	○	1
E		○	×	
計	3	2	2	7

　これより、選択肢を検討すると、肢4が正解とわ
かります。

正解④

A，B，Cの3人は、ある会社の人事課、会計課、企画課に1人ずつ採用された。また、その3人の通勤手段は、徒歩，バス，電車のうちいずれか一つであり、互いに異なっている。

次のことが分かっているとき、確実にいえるのはどれか。

入国警備官等 2018

ア　企画課に採用された者の通勤手段は、バスである。
イ　Aの通勤手段は、徒歩である。
ウ　Bは、会計課に採用された者と性別が同じである。
エ　Cは、企画課に採用された者と性別が同じでない。

1．Aは、人事課に採用された。
2．Bの通勤手段は、電車である。
3．Bは、Cと性別が同じである。
4．Cは、会計課に採用された。
5．Cの通勤手段は、電車である。

A～Cの3人と採用された課と通勤手段という3項目の対応関係ですね。とりあえず、3人を中心にして表1のような対応表を作成します。

まず、条件イより、Aは徒歩ですから、条件アより、企画課ではないとわかります。

また、条件ウ，エより、Bと会計課に採用された人は別人なので、Bは会計課ではなく、同様に、Cは企画課ではないので、それぞれ×を入れて、表1を得ます。

ちょっと補足

ここでも、Aの徒歩に○が入ったら、その縦と横の欄には×を記入するのを忘れないように！
人と課、人と交通手段は、それぞれ縦にも横にも○は1つずつだね。

表1

	人	会	企	徒	バ	電
A			×	○	×	×
B		×		×		
C			×	×		

（バ）　　　（企）

課と交通手段の対応は、このように書き添えておこう！

表1より、企画課はBとなり、条件アより、Bはバスとわかり、残るCは電車で、表2を得ます。

表2

	人	会	企	徒	バ	電
A			×	○	×	×
B	×	×	○	×	○	×
C			×	×	×	○

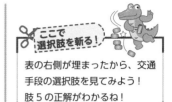
ここで
選択肢を斬る！

表の右側が埋まったから、交通手段の選択肢を見てみよう！
肢5の正解がわかるね！

　最後に、AとCが人事課と会計課のいずれかを考えます。

　条件エより、企画課に採用されたBは、Cとは性別が異なります。

　しかし、条件ウより、Bは、会計課に採用された者とは性別が同じですから、ここから、会計課に採用されたのはCではないとわかります。

　よって、会計課はA、人事課はCとなり、表3のように完成します。

表3

	人	会	企	徒	バ	電
A	×	○	×	○	×	×
B	×	×	○	×	○	×
C	○	×	×	×	×	○

　これより、正解は肢5です。

正解 ⑤

　A～Dの4人の出身地は仙台，横浜，大阪，福岡のいずれかであり，職業は陶芸家，教師，小説家，政治家のいずれかである。

　次のア～エのことが分かっているとき、確実に言えるものはどれか。

裁判所職員一般職 2017

　ア　Aと仙台出身の政治家は夫婦であるが、教師は独身である。
　イ　陶芸家とA夫妻の3人は休日にテニスをするが、Bはスポーツをしない。
　ウ　Cは大阪出身であり、小説家は横浜出身ではない。
　エ　同じ出身地又は同じ職業の者はいない。

1．Aの出身地は横浜である。
2．Bの職業は小説家である。
3．Dの職業は陶芸家である。
4．陶芸家の出身地は横浜である。
5．小説家の出身地は福岡である。

　A～Dの4人と出身地、職業の3項目ですね。4人を中心に対応表を作成しましょう。

　まず、条件アより、Aは仙台出身でも政治家でもなく、また、教師でもありません。

　さらに、条件イより、Aは陶芸家ではなく、また、Bも、Aと夫婦である政治家や陶芸家ではなく、さらに仙台出身でもないとわかります。

　また、条件ア，ウより、Cは大阪出身ですから、政治家ではないとわかり、さらに、小説家に「横浜×」と書き添えて、ここまでで、表1を得ます。

夫婦とかスポーツの条件もあるけど、とりあえず、これで進めてみよう！

 ちょっと補足

Aの配偶者と陶芸家はスポーツ（テニス）をするので、Bではないということ！

政治家は仙台出身だよね！

表1

	仙	横	大	福	陶	教	小	政
A	×		×		×	×		×
B	×		×		×			×
C	×	×	○	×				×
D			×					

（政）（小×）　　　　　　　　　　（横×）（仙）

表1より、Aは小説家で、仙台出身の政治家はD

とわかり、表2を得ます。

表2

	仙	横	大	福	陶	教	小	政
A	×		×		×	×	○	×
B	×		×		×		×	×
C	×	×	○	×			×	×
D	○	×	×	×	×	×	×	○

(小×)   (横×)

　表2より、陶芸家はCで、残るBは教師となります。
　また、条件ウより、小説家のAは横浜ではなく福岡
出身となり、残るBが横浜出身とわかり、表3のよ
うに完成します。

表3

	仙	横	大	福	陶	教	小	政
A	×	×	×	○	×	×	○	×
B	×	○	×	×	×	○	×	×
C	×	×	○	×	○	×	×	×
D	○	×	×	×	×	×	×	○

　これより、正解は肢5です。

正解⑤

Exercise 6

A，B，C，Dの4人は政治家，医師，弁護士，税理士のいずれか異なる職業に就いており，東町，西町，南町，北町のいずれか異なる町に住んでいる。この4人に関して，次のア～カのことがわかっているとき，正しくいえるものはどれか。

裁判所職員一般職 2021

ア　税理士は40歳である。
イ　弁護士は医師よりも若い。
ウ　Cは30歳で，西町に住んでいない。
エ　政治家は50歳で，北町に住んでいる。
オ　Aは60歳で，南町に住んでいる。
カ　Bは弁護士でも税理士でもない。

1．Aは政治家である。
2．Bは40歳である。
3．Cは医師である。
4．弁護士は東町に住んでいる。
5．医師は北町に住んでいる。

A～Dの4人と職業と住んでいる町の3項目ですね。4人を中心に対応表を作成し、条件からわかることを記入します。年齢の条件もありますが、表1のように記入しておきましょう。

表1

		政	医	弁	税	東	西	南	北
(60)	A					×	×	○	×
	B			×	×			×	
(30)	C					×	×		
	D							×	

(50) 　　(40)

(北)

表1より、<u>AとCは政治家でも税理士でもありません</u>ので、医師，弁護士のいずれかですが、条件イより、Aが医師、Cが弁護士とわかります。

ここから、税理士はD、残るBが政治家で北町とな

— 年齢が違うからね！

り、Ｃは東町で、残るＤが西町とわかり、表2を得
ます。

表2

		政	医	弁	税	東	西	南	北
(60)	A	×	○	×	×	×	×	○	×
(50)	B	○	×	×	×	×	×	×	○
(30)	C	×	×	○	×	○	×	×	×
(40)	D	×	×	×	○	×	○	×	×

よって、正解は肢4です。

正解 ④

　ある高校では、1年次から3年次までの3年間で美術又は音楽の芸術科目を選択することとなっている。3年間のうち少なくとも計2年間は芸術科目を選択しなくてはならないが、1年次は美術のみ、3年次は音楽のみ選択可能で、2年次はどちらか一方の科目が選択可能であった。A～Eの5人について、3年間の芸術科目の選択状況が次のとおり分かっているとき、確実にいえることとして最も妥当なのはどれか。　　　　　　　　　　　　　　　 入国警備官等 2021

　ア　A～Eのうち、1年次は3名、3年次は4名が芸術科目を選択した。
　イ　Aは3年次に芸術科目を選択しなかった。
　ウ　3年間とも芸術科目を選択したのはBのみであった。
　エ　Cは2年次にAと同じ科目を選択したが、Dとは別の科目を選択した。
　オ　3年間で選択した芸術科目が、音楽のみ又は美術のみであった者が1名いた。

1．Aは、2年次に美術を選択した。
2．Bは、2年次に音楽を選択した。
3．Cは、2年次に音楽を選択した。
4．Dは、1年次に美術を選択した。
5．Eは、1年次に芸術科目を選択しなかった。

A〜Eの5人と学年次と選択科目の3項目ですが、このような問題は、表1のように、5人と学年次で対応表を作成し、表中に選択科目を記入していけばいいでしょう。

　まず、条件ア，イより、A以外の4人は3年次に音楽を選択しており、さらに、条件ウより、AとBは1年次には美術を選択していますので、ここまでを記入して、次のようになります。

ちょっと補足

3年次は音楽のみ、1年次は美術のみだからね。
3年次に選択しなかったAは1，2年次に選択しているよね。

表1

	A	B	C	D	E	人数
1年次	美	美				3
2年次						
3年次	×	音	音	音	音	4

　また、条件ウ，エより、CとDは2，3年次に選択していますので、1年次には選択していませんから、1年次に選択したもう1人はEとなります。

　これより、E以外の4人は2年次に選択していますので、その科目を考えます。条件エより、AとCは同じ科目、Dは別の科目ですが、仮に、AとCが美術を、Dが音楽を選択した場合、Aは1，2年次に美術のみ、Dは2，3年次に音楽のみを選択したことになり、条件オに反します。

　よって、2年次にAとCが選択したのは音楽で、Dが選択したのは美術とわかり、表2を得ますが、Bの2年次の科目については確定しません。

ちょっと補足

同じ科目のみ選択したのはC1人になるね。

表2

	A	B	C	D	E	人数
1年次	美	美	×	×	美	3
2年次	音		音	美	×	4
3年次	×	音	音	音	音	4

　これより、正解は肢3です。

正解 ③

ある飲食店の従業員A〜Dの4人は、ある日の10〜14時についてみると、3時間は勤務しており、残りの1時間は休憩していた。A〜Dは、勤務しているときには、「調理」、「接客」、「レジ」の三つの異なる役割を1時間ずつ担当した。次のことが分かっているとき、確実にいえるのはどれか。

ただし、勤務や休憩の開始と、役割の交替は、いずれも10時，11時，12時，13時であった。　　　　　　　　　　　　　　　　🏫海上保安学校(特別) 2017

　ア　どの時間をみても、勤務している3人は異なる役割を担当していた。
　イ　A，C，Dは、10時からの1時間は勤務していた。
　ウ　Dは、3時間連続で勤務した。
　エ　Aは、「レジ」、「接客」、「調理」、Bは、「レジ」，「調理」，「接客」、Cは、「接客」，「調理」，「レジ」の順で役割を担当した。

1．Aは、12時から「接客」を担当した。
2．Cは、11時から休憩した。
3．Dは、「調理」の直後に連続して「レジ」を担当した。
4．「レジ」の直後に連続して「接客」を担当した者がいた。
5．休憩の直前又は直後に「調理」を担当した者はいなかった。

A〜Dの4人がどの時間にどの役割を担当したかを調べる問題ですね。4人と時間帯で対応表を作成し、役割を記入していきましょう。

条件アより、どの時間も3人が勤務し、1人が休憩していたことになりますので、条件イより、10時からの1時間は、Bは休憩していたとわかります。

また、条件ウより、Dは10時から3時間連続で勤務し、最後の1時間は休憩となります。

そして、条件エより、Aは10時からは「レジ」で、次の「接客」の時間はわかりませんが、最後の「調理」は13時からとなります。また、Bは11時から「レジ」、「調理」，「接客」を担当し、Cも、Aと同様に、10時からは「接客」、13時から「レジ」とわかり、ここまでで、表1を得ます。

ナットクいかない方はこちら

Aは10時から勤務してるよね。そして、13時からはDが休憩しているから、Aはこの時間も働いているでしょ！

表1

	10〜	11〜	12〜	13〜
A	レジ			調理
B	休	レジ	調理	接客
C	接客			レジ
D				休

　表1より、10時からのDは「調理」ですね。また、Cの「調理」は、11時または12時からですが、12時からはBが「調理」を担当していますので、Cの「調理」は11時からで、12時からは休憩とわかり、表2を得ます。

表2

	10〜	11〜	12〜	13〜
A	レジ			調理
B	休	レジ	調理	接客
C	接客	調理	休	レジ
D	調理			休

　これより、Aの休憩は11時からで、その時間のDは「接客」となります。そうすると、Dの12時からは「レジ」で、その時間のAは「接客」とわかり、表3のように完成します。

表3

	10〜	11〜	12〜	13〜
A	レジ	休	接客	調理
B	休	レジ	調理	接客
C	接客	調理	休	レジ
D	調理	接客	レジ	休

　以上より、正解は肢1です。

正解①

ちょっと補足

「調理」,「接客」,「レジ」,「休憩」の4つが、縦にも横にも1つずつ入るように表を完成させるんだ！

> A〜Eの5人が、お互いに1回だけランチに招待しあった。今、次のア〜カのことが分かっているとき、確実にいえるのはどれか。　出典▶特別区Ⅲ類 2004
>
> ア　5人とも、ランチに1回だけ招待された。
> イ　5人とも、招待した相手からは招待されなかった。
> ウ　Bは、AからもDからも招待されなかった。
> エ　Cは、A又はBのいずれかから招待された。
> オ　Dは、A又はEのいずれかから招待された。
> カ　Eは、Bから招待されなかった。
>
> 1．Aは、Eを招待した。
> 2．Bは、Cを招待した。
> 3．Cは、Bを招待した。
> 4．Dは、Aを招待した。
> 5．Eは、Dを招待した。

A〜Eの5人について、招待した人とされた人の表を作りましょう。

条件ウ，エ，オからB，C，Dを招待した人は2人ずつ候補がいるのですが、1人に決まるところがないので、「場合分け」をして考えます。

まず、条件ウより、Bを招待したのがCかEかでそれぞれ場合分けをします。

A，Dから招待されなかったので、CかEから招待されてるよね。

Ⅰ）Bを招待したのがCの場合

条件イより、CはBから招待されていないので、条件エより、Aから招待されたことになります。よって、条件オより、DはEから招待されたことになり、表1が得られます。

表1

招待された人	A	B	C	D	E
招待した人		C	A	E	

これより、残るAとEはBかDから招待されたことになりますが、条件カよりEはBに招待されておらず、

DはEが招待した相手ですから、Eを招待した人に該当する人がいないので、成立しませんね。

Ⅱ）Bを招待したのがEの場合

条件エ，オより、DはAから招待され、CはBから招待されたことになり、表2のようになりますね。

表2

招待された人	A	B	C	D	E
招待した人		E	B	A	

これより、残るAとEはCかDから招待されたことになりますが、AはDを招待しているのでCから招待され、EがDから招待されたことになり、表3を得ます。

表3

招待された人	A	B	C	D	E
招待した人	C	E	B	A	D

よって、表3より、正解は肢2ですね。

正解 **②**

A〜Eの5人がそれぞれプレゼントを持ち寄り、全員が内側を向いた輪になって自分が持ち寄ったプレゼントを左隣の人に渡した。次のア〜ウのことがわかっているとき、確実にいえるのはどれか。　　　　　　　　　　■ 警視庁Ⅲ類 2012

ア　AはBのプレゼントを受け取ってはいない。
イ　BはCのプレゼントを受け取ってはいない。
ウ　Dのプレゼントを受け取った人のプレゼントはAが受け取った。

1．AはBにプレゼントを渡した。
2．BはCにプレゼントを渡した。
3．DはCにプレゼントを渡した。
4．CはEにプレゼントを渡していない。
5．EはDにプレゼントを渡していない。

　5人がプレゼントを渡した様子を図に表しましょう。条件ウより、AとDの位置を図1のようにとり、残る3人をX〜Zとします。

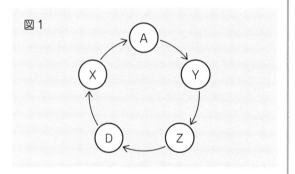

図1

　条件アより、BはXではありませんので、YまたはZで、ここで場合分けをします。

AはXのプレゼントを受け取ってるからね！

Ⅰ）BがYの場合

　残るCとEはXまたはZですが、いずれであっても、図2のように、条件を満たします。

図2

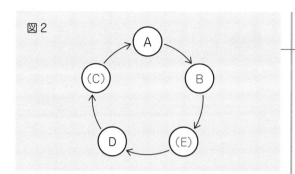

ちょっと補足

CとEは、どっちがX，Zでも
いいので、入れ替えた図もOK
だね。

Ⅱ）BがZの場合

　条件イより、CはYではないので、EがY、CがX
で、図3のようになります。

図3

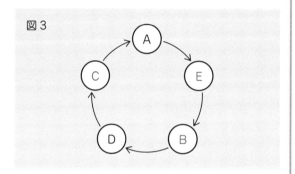

　以上より、図2，3のいずれにおいても確実にいえ
るのは肢4となります。

正解 ④

順序関係 ➡ 図式化せよ！

重要度

パターン　5

　ある会議に出席したA～Gの7人が、会議室に入室した順番について、次のことが分かった。

　　ア　CはEの次に入室した。
　　イ　FはDの次に入室した。
　　ウ　CとFの入室の間に3人が入室した。
　　エ　AはBより後に入室したが、Gより先に入室した。
　　オ　Bの入室は1番目ではない。
　　カ　Fの入室は6番目ではない。

　以上から判断して、正しいのはどれか。　東京都Ⅲ類 2018

1．EはAの次に入室した。
2．DはBの次に入室した。
3．BはCより後に入室したが、Aより先に入室した。
4．BとEの入室の間に3人が入室した。
5．Dの入室は1番目ではなく、Gの入室は7番目ではない。

　入室した順に左から並べます。まずは、条件を図1のように、図または式に表しましょう。
　条件ウについては、CとFのどちらが先か不明ですので、2人を入れ替えた図もOKです。「対応関係」と同様に（　）をつけておきますよ。

図1

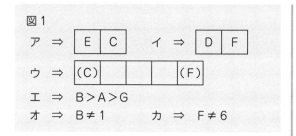

ア ⇒ | E | C |　　イ ⇒ | D | F |

ウ ⇒ | (C) | | | | (F) |

エ ⇒ B＞A＞G

オ ⇒ B≠1　　　カ ⇒ F≠6

条件ア，イ，ウを組み合わせると、図2の2通りが考えられます。

図2

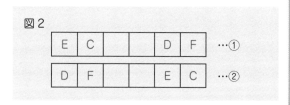

| E | C | | | D | F | …①

| D | F | | | E | C | …②

図2は、いずれも6人分ですから、前または後ろにあと1人分が加わります。これを含めた残る3カ所に、条件エの順にB，A，Gを記入します。

しかし、図2の前に1人分を加えた場合、そこにはBが入りますので、Bが1番目となり、条件オに反します。また、図2①の後ろに1人分を加えた場合、Fが6番目になり、条件カに反します。

よって、図2②の後ろに1人分を加えた場合に決まり、B，A，Gを記入して、図3のように確定します。

図3

| D | F | B | A | E | C | G |

これより、正解は肢1です。

正解 ①

ちょっと補足

①だと、こういうこと！

| B | E | C | A | G | D | F |

②でも同じだよね。

A～Gの7つの惑星が恒星Oを中心に同心円の軌道上を公転している。次のことがわかっているとき、確実にいえるのはどれか。　　■東京消防庁Ⅲ類 2004

ア　AはC，Fよりも外側を公転している。
イ　DはB，E，Gよりも外側を公転している。
ウ　CはEの3つ外側を公転している。
エ　Cは内側から5番目以降、Dは内側から4番目以内を公転している。

1．Cは内側から6番目で、Gは内側から1番目である。
2．Bは内側から3番目で、Eは内側から2番目である。
3．Aは内側から7番目で、Dは内側から4番目である。
4．Fは内側から6番目で、Gは内側から2番目である。
5．Aは内側から6番目で、Bは内側から4番目である。

　内側から順に並べていきましょう。条件を図1のように図式化しますよ。

図1
　　　ア ⇒ C, F < A
　　　イ ⇒ B, E, G < D
　　　ウ ⇒ 表
　　　エ ⇒ C ≧ 5, D ≦ 4

ちょっと補足

内側⇔外側を、左⇔右と並べ、不等号は外側（右）を大きいという意味で表しているよ。

　条件イ，エより、Dより内側に3つの惑星があるのに4番目以内ということは、Dは内側から4番目に決まりますよね。これに、条件ウを加えると図2の2通りが考えられます。

図2

　条件イより、①，②それぞれのDより内側にBとG

を記入しますが、この2つはどちらが内側かはわかりませんので、入替えOKとして（　）をつけておきます。

さらに、残るAとFを条件アに従って記入して、図3のようになります。

図3

これより、①，②のいずれにおいても確実にいえるのは肢3のみで、これが正解ですね。

正解 ③

A～Fの6人は、部活動の準備運動としてグラウンドを3周走った。6人は、進行方向に縦一列に並んで走り、1周するごとに、一番後ろを走っていた者は他の5人を追い抜いて一番前に出ることとなっており、これ以外では、いずれの者も追い抜かれることはなかった。次のことが分かっているとき、確実にいえるのはどれか。

国家一般職 2020

ア　Aは、1周目はBより前を走った。
イ　Eは、2周目はAのすぐ後ろを走っており、3周目は一番前を走った。
ウ　Fは、3周目はCのすぐ前を走った。

1．1周目、Bは一番後ろを走った。
2．1周目、CはAのすぐ前を走った。
3．2周目、Dは前から2番目を走った。
4．2周目、EはBより前を走った。
5．3周目、Fは前から3番目を走った。

まず、条件イより、Eが3周目では一番前を走ったということは、2周目では一番後ろを走っていたことになりますね。

これより、2周目でEのすぐ前を走っていたAは、3周目では一番後ろを走ったとわかり、ここまでを表1のように整理します。

表1

	1	2	3	4	5	6
1周目						
2周目					A	E
3周目	E					A

そうすると、条件アより、1周目でAより後ろを走っていたBは、2周目ではAより前を走っていますので、Bは1周目で一番後ろを走り、2周目で一番前を走ったとわかります。

これより、1周目で、Aは4番目、Eは5番目を走り、3周目で、Bは2番目を走ったとわかり、表2のようになります。

ここで
選択肢を斬る！

ここで、肢1の正解がわかるよ！

表2

	1	2	3	4	5	6
1周目				A	E	B
2周目	B				A	E
3周目	E	B				A

　ここで、条件ウより、3周目の（F，C）は、（3番目，4番目）または（4番目，5番目）のいずれかで、残るポジションがDとなりますが、これについては確定しませんので、表3の2通りが成立します。

表3-①

	1	2	3	4	5	6
1周目	F	C	D	A	E	B
2周目	B	F	C	D	A	E
3周目	E	B	F	C	D	A

表3-②

	1	2	3	4	5	6
1周目	D	F	C	A	E	B
2周目	B	D	F	C	A	E
3周目	E	B	D	F	C	A

ちょっと補足

3周目の3〜5番目は、2周目は2〜4番目、1周目は1〜3番目になるからね。

　これより、①，②のいずれにおいても確実にいえるのは肢1のみで、これが正解です。

正解 ①

A〜Dの4人が、お土産を1個ずつ持ち、ある場所で待ち合わせをしたとき、4人の持ってきたお土産、交通手段及び到着した順序について、次のことが分かった。

- ア　Aは、徒歩で到着した人の直前に、クッキーを持って到着した。
- イ　Cは、Aと同じ交通手段で、Dの直後に到着した。
- ウ　ケーキを持ってきた人は、最後に到着した。
- エ　ゼリーを持ってきた人は、自転車で到着した。
- オ　バスで到着した人は、クッキーを持って、最初に到着した。
- カ　2番目に到着した人は、自転車で到着した。

以上から判断して、確実にいえるのはどれか。ただし、同時に到着した人はいないものとする。 📖東京都Ⅲ類 2020

1. Aは自転車で到着した。
2. Bはクッキーを持って到着した。
3. Cは3番目に到着した。
4. 自転車で到着した人は、1人だった。
5. 4番目に到着した人は、ゼリーを持ってきた。

到着した順に、A〜D、お土産、交通手段で表を作成し、条件ウ，オ，カを表1のように記入します。

表1

1	2	3	4
ク			ケ
バ	自		

次に、条件ア，イ，エについて、次のようなブロックで表し、表に当てはめることを考えます。条件イより、AとCの交通手段は同じなので、これをXと表しておきますね。

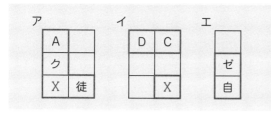

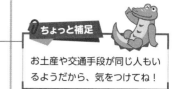

ちょっと補足

お土産や交通手段が同じ人もいるようだから、気をつけてね！

アのブロックが入る場所は、表1の2，3番目、または3，4番目なので、それぞれの場合について確認します。

Ⅰ）アのブロックが2，3番目に入る場合

イのブロックは3，4番目に入ることになり、AとCの交通手段は自転車で、表2のようになります。

しかし、この場合、エのブロックが入る場所がなく、成立しません。

表2

1	2	3	4
	A	D	C
ク	ク		ケ
バ	自	徒	自

Ⅱ）アのブロックが3，4番目に入る場合

イのブロックは1，2番目に入ることになり、AとCの交通手段はやはり自転車ですね。そうすると、エのブロックは2番目に入り、4番目はBで、表3のようになります。

表3

1	2	3	4
D	C	A	B
ク	ゼ	ク	ケ
バ	自	自	徒

これより、正解は肢1です。

正解①

A～Eの5人の選手が、それぞれ黒，白，赤，青，緑の互いに異なる色の車に乗り、カーレースを行った。次のことが分かっているとき、確実にいえるのはどれか。 ▶国家一般職 2019

ア　Aの車は、Bの車よりも先にゴールした。
イ　黒の車は、Dの車よりも後にゴールした。
ウ　白の車は、Eの車よりも2台前にゴールした。
エ　青の車は、Cの車から4台後にゴールした。
オ　緑の車は、4番目にゴールした。

1．黒の車は、赤の車の次にゴールした。
2．白の車は、最初にゴールした。
3．青の車に乗っていたのは、Bだった。
4．Aの車は、緑の車よりも先にゴールした。
5．Eの車は、4番目にゴールした。

まず、条件を次のように図式化します。

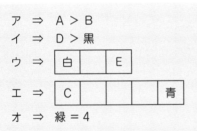

さらに、ゴールした順に、A～E、車の色で表を作成します。条件エより、Cは1番目、青は5番目とわかり、これと条件オを記入して、表1を得ます。

表1

1	2	3	4	5
C				
			緑	青

表1より、条件イのDと黒は、2，3番目とわかり、これを記入します（表2）。

表2

1	2	3	4	5
C	D			
		黒	緑	青

　そうすると、条件ウの白とEは、（1，3）または（2，4）のいずれかで、ここで場合分けをします。

I）（白，E）＝（1，3）の場合

　条件アより、Aは4番目、Bは5番目で、赤が2番目となり、表3のように成立します。

表3

1	2	3	4	5
C	D	E	A	B
白	赤	黒	緑	青

II）（白，E）＝（2，4）の場合

　同様に、Aは3番目、Bは5番目、赤が1番目となり、表4のように成立します。

表4

1	2	3	4	5
C	D	A	E	B
赤	白	黒	緑	青

　よって、表3，4の2通りが成立し、ここから確実にいえることを選択肢から探すと、正解は肢3となります。

正解 ③

A〜Eの男女5人が、白又は黒のいずれかの色の服を着て、前を向いて縦一列に並んでおり、このうち1人は黒い服を着ている女性である。各人が次のように述べているとき、この女性は、前から何番目に並んでいるか。

入国警備官等 2015

A：「私のすぐ前に並んでいる者は男性で、私と異なる色の服を着ている。」

B：「私はEのすぐ後ろに並んでいる。また、私より前に並んでいる者のうち、私と同じ性別の者は1人である。」

C：「私は一番後ろに並んでいる。また、私より前に並んでいる者のうち、私と同じ白い服を着ている者は2人である。」

D：「私は先頭に並んでおり、黒い服を着ている。」

E：「私は女性で、すぐ前に並んでいる男性と同じ色の服を着ている。」

1．1番目
2．2番目
3．3番目
4．4番目
5．5番目

5人と服の色と性別を表に整理します。まず、CとDの発言からわかることを記入して、表1を得ます。

表1

1	2	3	4	5
D				C
黒				白

 前から1〜5番目ってことだよ！

表1より、2〜4番目には、A，B，Eが並んでいますが、Bの発言より、EとBは2，3番目、または3，4番目ですから、ここで場合分けをします。

I）EとBが2，3番目の場合

Eの発言より、Eは女性、Dは男性で、EはDと同じ黒い服を着ています。

また、Aは4番目になりますので、Aの発言から、Bは男性で、Aと異なる色の服を着ており、ここまで

を表2のようにまとめます。

表2

1	2	3	4	5
D	E	B	A	C
黒	黒	(白と黒)		白
男	女	男		

　しかし、これでは、1～4番目の4人のうち、白い服を着ているのは1人となり、Cの発言と矛盾します。

Ⅱ）EとBが3，4番目の場合
　Aは2番目で、Aの発言からDは男性、AはDと異なり白い服を着ています。
　また、Eの発言から、Eは女性、Aは男性で、EはAと同じ白い服を着ています。ここまでで表3のようになりますね。

表3

1	2	3	4	5
D	A	E	B	C
黒	白	白		白
男	男	女		

　そうすると、Cの発言から、Bは黒い服を着ているとわかりますね。
　さらに、Bの発言から、Bより前に同性は1人ですから、Bは女性とわかり、表4のようになります。

Bより前に男性は2人
いるからね。

表4

1	2	3	4	5
D	A	E	B	C
黒	白	白	黒	白
男	男	女	女	

残るＣの性別は不明ですが、黒い服を着た女性は４
番目に並んでいるＢとわかり、正解は肢４です。

Exercise 13

ある会社の営業部に所属するＡ〜Ｅの５人が、上半期と下半期の営業成績を互
いに競い合うこととなり、この５人の間で営業成績を順位付けしたところ、次の
とおりであった。このとき、確実にいえるのはどれか。

ただし、上半期において同順位であった者、下半期において同順位であった者は、
いずれもいなかった。　　　　　　　　　　　　　　　　　　　出典▶入国警備官等 2017

　ア　Ａは、上半期の順位がＣより下位であった。また、Ａは、下半期の順位が
　　　上半期より上位であった。
　イ　Ｂは、上半期の順位が下半期より一つ下位であった。また、Ｂは、下半期
　　　の順位がＥより上位であった。
　ウ　Ｃは、上半期の順位が２位であった。また、Ｃは、下半期の順位が３位であっ
　　　た。
　エ　Ｄは、上半期の順位が４位であった。また、Ｄは、下半期の順位がＡより
　　　上位であった。
　オ　Ｅは、上半期の順位がＢより上位であった。

1．Ａは、上半期の順位がＢより下位であった。
2．Ｂは、上半期の順位が３位であった。
3．Ｃは、下半期の順位がＡより上位であった。
4．Ｄは、下半期の順位が２位であった。
5．Ｅは、下半期の順位が５位であった。

上半期と下半期の順位を表に整理します。
まず、条件ウ，エからわかることを記入して、表１
を得ます。

表１

	1	2	3	4	5
上半期		C		D	
下半期			C		

また、その他の条件については、次のように整理しておきます。

    ア ⇒ 上半期　C＞A　　　　　…①
        A　上半期＜下半期　　　…②
    イ ⇒ B　上半期＝下半期より1つ下　…③
        B　下半期　B＞E　　　…④
    エ ⇒ 下半期　D＞A　　　　　…⑤
    オ ⇒ 上半期　E＞B　　　　　…⑥

　まず、上の条件の③に着目すると、Bの（上半期,下半期）は、（3位, 2位）または（5位, 4位）なので、ここから場合分けをします。

Ⅰ）Bが（3位, 2位）の場合
　上半期について、①より、Aは5位で、残るEは1位となります。
　また、下半期について、②, ⑤より、Dは1位、Aは4位で、残るEが5位となり、表2のように成立します。

表2

	1	2	3	4	5
上半期	E	C	B	D	A
下半期	D	B	C	A	E

④や⑥も満たしていることを確認してね！

Ⅱ）Bが（5位, 4位）の場合
　同様に、上半期については、Aは3位、Eは1位、下半期については、Dは1位、Aは2位で、残るEが5位となり、表3のように成立します。

表3

	1	2	3	4	5
上半期	E	C	A	D	B
下半期	D	A	C	B	E

以上より、表2, 3の2通りが成立し、いずれに

おいても確実にいえるのは、肢5となります。

Exercise 14

P，Q，Rの3人は、10時ちょうどに水族館で待ち合わせをした。今、水族館に到着した時刻について、次のア～エのことが分かっているとき、確実にいえるのはどれか。 📖特別区Ⅲ類 2021

ア　Pは、Pの時計で待ち合わせ時刻の2分前に到着したが、水族館の時計は9時55分であった。
イ　Qは、Pより3分遅れて到着したとき、Qの時計で待ち合わせ時刻より4分遅れていた。
ウ　Rは、Rの時計で10時3分に到着した。
エ　Qの時計は、Rの時計より5分進んでいた。

1．水族館の時計で待ち合わせた時刻に遅れた者はいなかった。
2．Rは、Pより7分遅く到着した。
3．Qの時計は、Pの時計より4分進んでいた。
4．Pの時計だけが、水族館の時計より遅れていた。
5．Qの時計は、水族館の時計より7分進んでいた。

P，Q，Rの3人がそれぞれ到着したときの、水族館の時計と各人の時計が示す時刻について、条件ア～ウからわかることを表1のように整理します。

表1

	Pが到着	Qが到着	Rが到着
水族館の時計	9：55	9：58	
Pの時計	9：58	10：01	
Qの時計		10：04	
Rの時計			10：03

ちょっと補足

Qが到着したのは、Qの時計で10：04だからね。Qが到着したとき水族館とPの時計は、Pの到着から3分後の時刻を示しているからね。

条件エより、Rが到着したときのQの時計は、Rの時計より5分進んで10：08となりますので、Qの

時計の時刻から、RはQより4分遅れて到着したことがわかります。

　すなわち、Pの到着から3分後にQが到着し、その4分後にRが到着していますので、これをもとにそれぞれの時計の時刻を調べると、表2のようになり、水族館の時計に比べて、P，Q，Rの時計はそれぞれ3分，6分，1分進んでいることがわかりますね。

表2

	Pが到着	Qが到着	Rが到着
水族館の時計	9：55	9：58	10：02
Pの時計	9：58	10：01	10：05
Qの時計	10：01	10：04	10：08
Rの時計	9：56	9：59	10：03

これより、肢2が正解とわかります。

正解 ②

ワンポイントアドバイス
One Point Advice

表は完成させなくても、選択肢を見ながら、必要なとこだけ調べればいいからね。

パターン 7

A～Fの6人の身長について、次のア～カのことが分かっている。このとき、確実に言えることとして、最も妥当なのはどれか。　📖 警視庁Ⅲ類 2017

ア　AはEより3cm高い。
イ　BとCは1cmの差がある。
ウ　BとDは4cmの差がある。
エ　DとEは2cmの差がある。
オ　EはFより5cm高い。
カ　身長が178cmの者と168cmの者がいる。

1．最も身長が高いのは、AまたはCである。
2．BはEより6cm高い。
3．173cmの者がいる。
4．Dは3番目に高い。
5．178cmより高い身長の者はいない。

身長の差を数直線に整理します。身長の高いほうを右にとって、条件ア，オを図1のように表します。

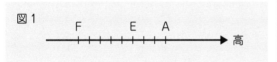

次に、条件エより、Eと2cm差のDを加えますが、どちらが高いかわかりませんので、図2のように場合分けをします。

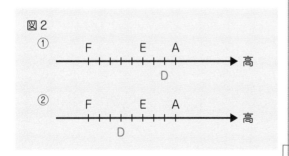

さらに、条件カより、<u>ある2人の身長差が10cm</u>になるように、残るBとCの位置を考えます。

ちょっと補足

178cmと168cmの差は10cmだよね。

48

まず、①について、条件イ、ウより、BはDと4cm差、CはBと1cm差ですが、BがDより4cm低いと、10cm差になる2人がいませんので、BはDより4cm高く、さらに、CはBより1cm低いと、CとFの差が10cmとなり、図3の①のように成立します。

　同様に、②についても、BがDより4cm高いと条件を満たしませんので、BはDより4cm低く、さらに、CはBより1cm低いと、AとCの差が10cmとなり、図3の②のように成立します。

ナットクいかない方はこちら

最も高いのがA、最も低いのがFで、差は8cmにしかならないからね。

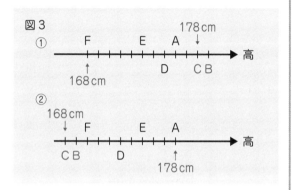

図3

① F　　E　A　↓178cm　高
　　　　　D　C B
　↑168cm

② 168cm
　↓　F　　E　A　高
　C B　　D
　　　　↑178cm

　これより、①と②の2通りが成立し、いずれにおいても確実にいえるのは肢3とわかります。

正解 ③

ちょっと補足

①ではE、②ではDが173cmになるよ。

Exercise 15

A～Eの5人の肺活量を調べたところ、次のア～カのことがわかった。

ア　AとBとの肺活量の差は500mLであった。
イ　BとCとの肺活量の差は1000mLであった。
ウ　CとDとの肺活量の差は1500mLであった。
エ　DとEとの肺活量の差は2500mLであった。
オ　EとAとの肺活量の差は1500mLであった。
カ　Aの肺活量は、5人の肺活量の平均よりも多かった。

以上から判断して、正しくいえるのはどれか。　　　東京都Ⅲ類 2004

1．AはCより肺活量が1500mL少ない。
2．BはDより肺活量が500mL多い。
3．CはEより肺活量が1000mL少ない。
4．DはAより肺活量が1000mL多い。
5．EはBより肺活量が500mL少ない。

　条件ア～オはいずれも、肺活量の多いほうが示されていませんので、数直線はどちらが多いほうかを決めずに書くことにします。
　条件アのAとBを基準にイを加えて、Cについて場合分けしましょう。図1のようになりますね。

ここがポイント！

ちょっと補足

右が多いほうと決めると、条件アもAとBのどちらが多いかわからないので場合分けが必要。でも、決めなければ場合分けはいらないね。
だけど、条件イから先はAとCの差が変わってくるから、場合分けしないといけないよ！

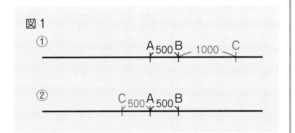
図1

　次に、条件ウを加えて、Dについてそれぞれ場合分けをします。ここからは図2のように、同じ図の中に分けて書いて、D₁～D₄としましょう。

図2

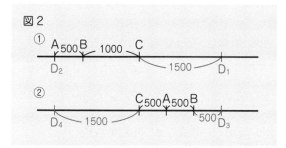

さらに、条件エとオをともに満たすようなEがあるかどうか検討すると、D_1，D_2，D_4については、Dから2500mLの位置でAから1500mLを満たすEはありませんが、D_3については図3のようにEの位置が決まります。

図3

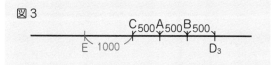

よって、図3について条件カを考慮すると、右が肺活量の多いほうとわかります。これより、正解は肢4ですね。

正解 ④

ナットクいかない方はこちら

Aを0とし、右をプラスとすると、Bは＋500、Dは＋1000、Cは－500、Eは－1500で、5人の平均は－100だから、Aは平均以上になるけど、逆にすると平均が＋100で、Aが平均以下になっちゃうね！

　男子 3 人、女子 2 人の A ～ E の 5 人が 1,500 m のロードレースに参加した。この 5 人はちょうど 10 秒間隔で順次到着し、到着の様子は次のア～エのとおりであった。これから確実にいえるのはどれか。　　　　　　出題 入国警備官等 2004

　　ア　Aは、Cより遅く到着したが、そのタイムは 5 人の平均より短かった。
　　イ　男子であるBは、Dより早く到着した。
　　ウ　5 人のうちで一番早く到着した者と、一番遅かった者は同性であった。
　　エ　女子 2 人の平均タイムは、男子 3 人の平均タイムより短かった。

　1．Aは女子である。
　2．Bは 5 位である。
　3．Cは女子である。
　4．Dは 4 位である。
　5．Eは男子である。

　条件より、ちょうど 10 秒間隔で順次到着ということなので、等間隔の数直線を作成しましょう。右が遅い（タイムが長い）ほうとしますよ。

　まず条件ウの 2 人ですが、仮にこの 2 人が女子とすると、到着順は図 1 のようになりますが、これでは男子 3 人の平均タイムと女子 2 人の平均タイムが同じになってしまい、条件エを満たしません。

図1

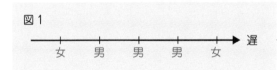

─ どっちの平均も、図のちょうど真ん中のタイムになるよね。

　よって、一番早いのも一番遅いのも男子とわかり、残るもう 1 人の男子は、条件エより 4 番目に到着したことになります。

　これより、到着順に見た各人の性別は、図 2 のように決まりますね。

ナットクいかない方はこちら

2 番目だと男子の平均のほうが短いし、3 番目だと女子の平均と同じになるでしょ！

図2

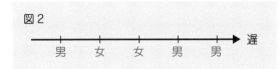

ここで、条件アより、<u>A，Cとも5人の平均タイムより短いので、Cが1位、Aが2位とわかります。</u>
　また条件イより、Bは5位ではないので4位に決まり、5位はDとなりますので、残るEは3位で図3のように決まりますね。

5人の平均は3番目の人と同じだからね。

図3

よって、正解は肢1となります。

A～Eの5人は、ある車を9月1日～15日の15日間借りて、一人ずつ1回だけ順番に使用した。次のことが分かっているとき、確実にいえるのはどれか。

ただし、車は1日単位で使用し、同じ日に複数人が使用することはないものとする。　　　　　　　　　　　　　　　　　　入国警備官等 2020

 ア 各人が使用した日数は互いに異なっており、1日間，2日間，3日間，4日間，5日間のいずれかであった。

 イ 9月4日はA、9月8日はB、9月12日はCがそれぞれ使用した。

 ウ Eは、Bの次に使用した。

 エ 3番目に使用した人は、1日間だけ使用した。

 オ 4番目に使用したのは、Dであった。

1．Aは、3日間使用した。
2．Bは、9月9日に使用した。
3．Cは、5日間使用した。
4．Dは、2日間使用した。
5．Eは、9月10日に使用した。

時系列として数直線を書いてもいいですが、15日間くらいなら、表1のように整理すればいいでしょう。条件イを記入して、次のようになります。

表1

1	2	3	4	5	6	7	8	9	10	11	12	13	14	15
			A				B				C			

条件ウより、Eは、A，Bの後でCより前ですから、3番目か4番目ですね。しかし、条件オより、4番目はDなので、Eは3番目に決まり、5人の順序は、A→B→E→D→Cとわかります。

これより、1～4日はA、12～15日はCが借りており、いずれも4日間以上になりますので、条件アより、一方が4日間、もう一方が5日間となります。

また、BとCの間に、EとDが借りていますが、その日程は9～11日の3日間しかありませんので、条件エより、Eが1日間、Dが2日間で、表2のよう

になります。

表2

1	2	3	4	5	6	7	8	9	10	11	12	13	14	15
A	A	A	A				B	E	D	D	C	C	C	C

　そうすると、2番目のBは3日間となり、6，7日がBで、5日はAとなり、表3を得ます。

表3

1	2	3	4	5	6	7	8	9	10	11	12	13	14	15
A	A	A	A	A	B	B	B	E	D	D	C	C	C	C

　よって、正解は肢4です。

正解 ④

位置関係 ➡ ブロック化せよ！

重要度

ガイダンス

★座席や地図上の位置関係を推理する問題で、条件を図に表して整理するのが主な解法になります。

★ここもまた、出題頻度の高い重要分野です。

パターン 8

　下の図のような9部屋ある3階建てのマンションがあり、11号室から33号室の部屋番号がついている。A～Iの9人がこのマンションのそれぞれ異なる部屋に住んでおり、その部屋の位置関係について次のア～エのことがわかっているとき、確実にいえるものはどれか。　　　　　　　　　　📖裁判所職員一般職 2022

	31	32	33	
西	21	22	23	東
	11	12	13	

ア　AはGよりも上の階に住んでいる。
イ　Bの東隣にHが住んでいる。
ウ　Cの真下にFが、Fの西隣にEが住んでいる。
エ　Dの真上にIが、Iの真上にBが住んでいる。

1．Aは31号室に住んでいる。
2．Cの西隣にGが住んでいる。
3．Dの東隣にGが住んでいる。
4．Fは23号室に住んでいる。
5．Hの真上にEが住んでいる。

　まず、条件イ～エは、図1のように表しておきます。

図1

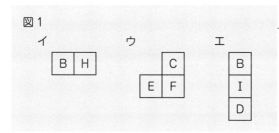

ワンポイントアドバイス
One Point
Advice

イ～エはいずれもどの場所か特
定できないので、このようなブ
ロックに表して、組み合わせて
いこう！ もちろん、図に直接
書き込める条件は、書き込ん
じゃってね！

　イとエにはBが共通ですから、図2のように、1つ
にまとめます。そうすると、ウのブロックは、図2
の東側に入ることになり、図3の2通りが考えられ
ます。

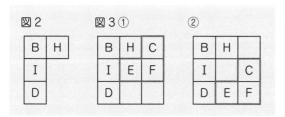

　図3の①の場合、残る2部屋はいずれも1階です
から、条件アを満たすAとGの部屋がありませんね。
②の場合は、図4のように成立します。

図4

　これより、正解は肢2となります。

4段4列のロッカーがあり、それぞれ次の図のように番号がついている。

い1	い2	い3	い4
ろ1	ろ2	ろ3	ろ4
は1	は2	は3	は4
に1	に2	に3	に4

　このロッカーをA〜Lの12人が使用しており、以下のことがわかっているとき、確実にいえることとして、最も妥当なのはどれか。　　　　東京消防庁Ⅲ類 2004

　ア　Fの一段上はAが使用しており、その左隣は未使用、右隣はGが使用している。
　イ　「は段」を使用しているHの一段下はJが使用しており、Jの左隣は未使用、右隣はIが使用している。
　ウ　「い段」を使用しているDの一段下はCが使用しており、Cの一段下は未使用である。
　エ　「い」〜「に」の各段に一箇所ずつ未使用のロッカーがあるが、そのロッカーの末尾の番号はすべて異なっている。

1．Aは「は段」のロッカーを使用している。
2．Iの一段上は未使用ロッカーである。
3．Fの右隣は未使用ロッカーである。
4．Gの一段下はHが使用している。
5．「い1」は未使用ロッカーである。

　図1のように、条件ア〜ウを表すブロックを作成します。

図1

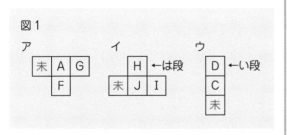

　まず、イのブロックは図2の2カ所に絞られます

ので、ここで場合分けをします。

図2

①

②
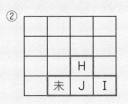

　ここで、ウのブロックの入るところを考えます。

　①の場合、「1の列」に入るとこの列に未使用が2つになって、条件エに反します。また、「3の列」だと残るところにアのブロックが入りませんし、「4の列」だと図3の①のように、アのブロックの入るところが決まりますが、やはり「1の列」に未使用が2つになってしまいます。

　これより、イのブロックの位置は②のほうに確定し、ウのブロックはアのブロックを考慮すると図3の②のように決まります。

ナットクいかない方はこちら

ウが「1の列」だと、アの「未使用」が「2の列」にきて、この列に2つになっちゃうし、他の列ではアが入らないしね。

図3

①

②
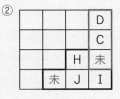

ここで肢2の正解がわかるね!

　残るアのブロックの入るところは2カ所考えられますので、ここでさらに場合分けをしましょう。

　それぞれ図4のようになり、未使用のところは図のように決まります。残るところにB，E，K，Lが入りますが、これらの場所は確定しませんね。

図4

①

未	A	G	D
	F	未	C
		H	未
	未	J	I

②

		未	D
未	A	G	C
	F	H	未
	未	J	I

よって、正解は肢2となります。

正解②

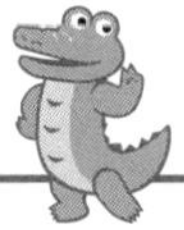

One Point Advice

一段落ついたときや手が止まったときなんかは、ちょっと選択肢を見るといいよ。
すでに答えが出てたり、絞られてるかもしれないしね！
もっとも、読みにくい選択肢なら別だけど…。

Exercise 19

図のような2行4列の座席に、男性の右隣の席には必ず女性が座るようにして、A，B，Cの3人の男性とP，Q，Rの3人の女性が座っている。次のことが分かっているとき、確実にいえるのはどれか。　　刑務官 2019

	1列目	2列目	3列目	4列目	
1行目					
左					右
2行目					

　ア　Aは1列目の席に、Bは2列目の席に、それぞれ座っている。
　イ　PとQは別の行の席に座っていて、PはAと同じ行の席に座っている。
　ウ　CはBの右隣の列の席に座っている。

1．Bの右隣の席には、Rが座っている。
2．Cは、Pと同じ列の席に座っている。
3．Pの左隣の列の席には、Rが座っている。
4．Qの右隣の席は、空席である。
5．Rの左隣の席には、Aが座っている。

条件ア，ウより、A，B，Cの位置関係は、図1
の①，②の2通りが考えられます。

図1

①

A	女	C	女
	B	女	

②

	B	女	
A	女	C	女

　図1より、AとBは別の行ですから、条件イより、
QはBと同じ行で、Bの右隣とわかります。
　これより、PとRは、AとCのいずれかの右隣とな
りますが、確定はしませんので、（　）をつけて入替
えOKとします（図2）。

図2

①

A	(P)	C	(R)
	B	Q	

②

	B	Q	
A	(P)	C	(R)

　これより、正解は肢4です。

正解 ④

　図のような 8 部屋から成る 2 階建てのアパートがあり、各部屋に A 〜 H の 8 人が 1 人ずつ住んでいる。右端の部屋には C が住んでおり、その真下の部屋では鳥を飼っている。また、左から 2 番目の部屋には E が住んでおり、その真上の部屋ではうさぎを飼っている。

			C	2 階
	うさぎ			
	E			1 階
			鳥	

　次のことが分かっているとき、確実にいえることとして最も妥当なのはどれか。ただし、1 部屋で飼うことのできるペットは 1 種類とする。

　　　　　　　　　　　　🏴 海上保安大学校等 2021

　ア　G の真下の部屋に住んでいる A は、ペットを飼っていない。
　イ　B の両隣の部屋ではそれぞれ犬と猫を飼っている。
　ウ　D と H は隣り合う部屋に住んでおり、どちらか一方が魚を飼っている。
　エ　1 階と 2 階それぞれに、同じ種類のペットを飼う者 2 人が 1 組ずつおり、同じ種類のペットを飼う者どうしは隣り合わない部屋に住んでいる。

1．C はうさぎを飼っている。
2．E は鳥を飼っている。
3．G は犬を飼っている。
4．C と F は同じ種類のペットを飼っている。
5．E と H は同じ種類のペットを飼っている。

　図 1 のように、8 部屋を①〜⑧とし、まず、条件イを満たす B の部屋を考えると、両隣が犬と猫を飼っているので、②に決まります。①と③のどちらが犬か猫かはわかりませんので、（　）をつけて入替え OK とします。

ちょっと補足

両隣のペットの部分が空いているのは②だけだね。ちなみに、⑥も空いているけど、ここは、E の部屋だからね。

図1

① （犬）	② B うさぎ	③ （猫）	④ C	2階
⑤	⑥ E	⑦	⑧ 鳥	1階

　次に、図1において、条件ウを満たすDとHの部屋を考えると、⑦と⑧に決まりますが、誰がどちらの部屋かはわかりませんので、こちらも［　］をつけて入替えOKとします。

　DとHのうち、⑧は鳥を飼っていますので、⑦が魚を飼っているとわかりますね（図2）。

図2

① （犬）	② B うさぎ	③ （猫）	④ C	2階
⑤	⑥ E	⑦［D］ 魚	⑧［H］ 鳥	1階

　さらに、図2において、条件アを満たすGとAの部屋を考えると、①と⑤に決まり、残る③がFの部屋となります。

　また、条件エより、1階について、Eは⑧と同じ鳥を飼っており、2階について、CはGまたはBと同じペットを飼っていることになりますが、犬，うさぎ，猫のいずれかはわかりません（図3）。

図3

① G（犬）	② B うさぎ	③ F（猫）	④ C	2階
⑤ A なし	⑥ E 鳥	⑦［D］魚	⑧［H］鳥	1階

これより、確実にいえるのは肢2となります。

正解②

A～Fの6人は図のような同面積の建売り住宅8軒のうちの6軒に住んでいる。6人は写真家，建築家，作家，画家，彫刻家，染織家のいずれかであり、他の2軒はまだ空き家になっている。住んでいる状況について6人のうちA～Eは次のように言っているが、これからいえることとして正しいのはどれか。

出典 国家Ⅲ種 2001

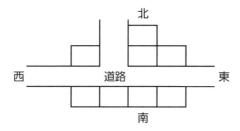

A：我が家と両隣りは東西に走る道路に面しており、我が家の両隣りは写真家、建築家の家である。

B：我が家の南隣りは染織家の家である。

C：我が家の道路を挟んだ真向かいの家は空き家で、その空き家の西隣りは建築家の家である。

D：我が家の東隣りは作家の家であり、我が家の道路を挟んだ真向かいの家は2面が道路に面した角の家である。

E：我が家の道路を挟んだ真向かいの家の東隣りは画家の家である。

1．Aは彫刻家である。
2．Cは作家である。
3．Dは建築家である。
4．Eは写真家である。
5．Fは染織家である。

図1のように8軒の住宅を①～⑧とします。

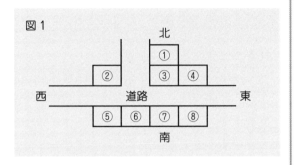

図1

A～Eの発言から各人の家を絞り込みます。

まず、Aの家は両隣りに家があることから、⑥か⑦に、Bの家は南隣りに家があることから①に、そして③が染織家の家に決まります。

さらに、Cの家は道路を挟んだ真向かいの家の西隣りに家があることから、③、④、⑧のいずれかに、Dの家は、東隣りに家があって、さらに道路を挟んだ真向かいの家が2面が道路の面している②か③なので、③、⑤、⑦のいずれかに、Eの家は、道路を挟んだ真向かいの家の東隣りに家があることから、②、③、⑦のいずれかに、それぞれ決まることになります。

また、AとCの発言より、建築家の家は東隣りが空き家で西隣りがAの家ですから、Aの家は⑥、建築家の家は⑦となり、⑧が空き家、④がCの家、⑤が写真家の家とわかりますね。ここまでで、図2を得ます。

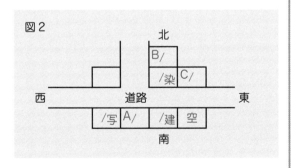

図2

これより、②は空き家とわかり、Eの家は③か⑦ですが、真向かいの東隣りに画家の家があるため⑦に決まります。

よって、Dの家は③か⑤に絞られましたが、東隣り
に作家の家があるので⑤と決まり、残るFが③ですね。
　また、各人の職業も判明し、残るBの職業は彫刻家
とわかり、図3のようになります。

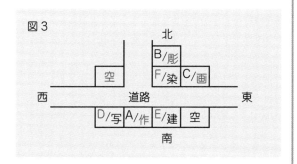

図3

よって、正解は肢5ですね。

正解⑤

図のような駐車場がある。A〜Fがそれぞれ乗った自動車6台が、1台ずつ順番に東又は西からこの駐車場に入り、①〜⑥のスペースに駐車した。そのときの状況について、A〜Fが次のように発言しているとき、確実にいえるのはどれか。

ただし、この駐車場にA〜F以外の自動車はなく、また、A〜Fの全ての自動車が駐車するまで出て行く自動車はなかったものとする。

海上保安学校(特別) 2016

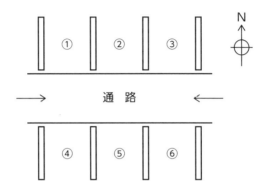

A:「西の端に駐車した。駐車場に入ると、既に自動車が2台駐車しており、これらは共に青色だった。」

B:「Eと同じ赤色の自動車に乗って、最後に駐車場に入った。Eの自動車と並んで駐車した。」

C:「東の端に駐車した。6台中、東から駐車場に入ったのは、私の自動車を含め3台だった。」

D:「2番目に駐車場に入り、入ってすぐの左手のスペースに駐車した。通路を挟んだ真向かいには、既に自動車が駐車していた。」

E:「5番目に駐車場に入った。西から駐車場に入った。」

F:「私の自動車は青色だった。駐車場に入って左手のAとDの自動車の間に駐車した。」

1.Aの自動車は赤色だった。
2.Bは西から駐車場に入った。
3.Dは①に駐車した。
4.Eは②に駐車した。
5.Fの真向かいの自動車は青色だった。

条件はけっこう複雑ですが、わかるところから図に記入していきましょう。

　まず、Aの発言から、Aは①または④で、Aより先に青色の車が2台入っていますね。

　その2台ですが、Dの発言から、2番目はDで、1番目の車の真向かいに駐車したわけですから、1,2番目の2台は、(②,⑤)または(③,⑥)のいずれかとなります。しかし、Dの発言に「入ってすぐのスペース」とありますので、(③,⑥)に決まり、Dは東から入って、「すぐの左手」の⑥に駐車したとわかります。

　そうすると、1番目に入った車は③に駐車したことになり、Cの発言から、1番目はCとわかりますね。ここまでで図1を得ます。

東の端は③と⑥だよね。

図1

① (A)	②	③ C 1番 青
④ (A)	⑤	⑥ D 2番 青

← D

ちょっと補足

Aの発言から、CとDの車は青色だったよね。Aは①,④のどちらかわからないから、( )をつけておくよ。

　次に、Fの発言から、Fは、AとDの間に駐車したので⑤とわかり、Aは④に決まります。⑤が「入って左手」になるので、Fは東から入ったとわかりますね。そうすると、C,Dの発言から、東から入ったのは、C、D、Fの3人で、<u>A、B、Eは西から入ったことになり</u>、図2を得ます。

ここで選択肢を斬る！

ここで、肢2が正解！

図2

①	②	③ C 1番 青
④ A 3番	⑤ F 青	⑥ D 2番 青

A, B, E → ← C, D, F

ちょっと補足

A, Fの発言から、Aは3番目、Fは青い車だったよね。

ちょっと補足

ここも( )をつけておくけど、(B, 6番)と(E, 5番)が入替えOKってことだからね。

　さらに、B、Eの発言より、BとEの車はともに赤色で、①と②に並んで駐車していますが、<u>どちらかはわかりませんね。入った順番は、Eが5番目、Bが</u>

最後ですから、Fは4番目となり、図3を得ます。

図3

① （B） （6番）赤	② （E） （5番）赤	③ C 1番 青
④ A 3番	⑤ F 4番 青	⑥ D 2番 青

これより、正解は肢2です。

正解 ②

パターン 10

A〜Fの6人が丸テーブルの中心に向かって等間隔に着席した。6人のうち、A，B，Cが次のように証言したとき、Fの正面に座っている人物として、最も妥当なのはどれか。
出典 警視庁Ⅲ類 2021

A「私の隣はE，Fでない。」
B「私の隣はC，Eでない。」
C「私の隣はA，Dでない。」

1．A
2．B
3．C
4．D
5．E

まず、AとCの発言から、Aの隣はE，Fではなく、また、Cでもありませんので、BとDとなり、図1のように表し、残る席を①〜③とします。

BとDの左右の区別はわかりませんので、図は左右の入替えもOKですが、本問には、左右の条件がまったくありませんので、特に考慮する必要はないでしょう。

図1

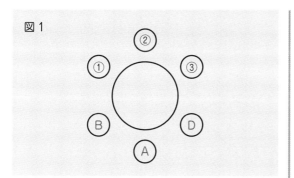

ちょっと補足

丸テーブルの周りの6つの席に
は区別はないので、Aの席を適
当に決めて、それを基準に他の
人の席を考えるんだ！

　次に、Bの発言より、①はC，Eではないので、残
るFとなり、Cの発言より、Cは③ではなく、②に決
まり、③がEで、図2のようになります。

図2

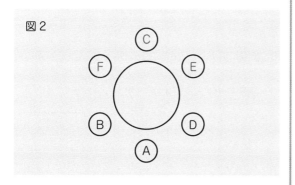

　これより、Fの正面はDとなり、正解は肢4です。

正解 ④

男子4人（A～D）と女子4人（E～H）の8人が図のような円卓に中心を向いて座っている。

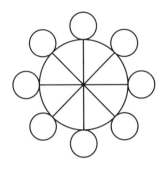

ア　男子の正面にはすべて女子が座っている。

イ　両隣に女子が座ったのは、AとCの2人である。

ウ　Gの両隣には男子が座った。

エ　ある人から見て正面にはB、左隣にはF、1人とんで右にはEが座っている。

以上のことがわかっているとき、確実に言えるものはどれか。

裁判所職員一般職 2018

1．Aから見て左隣はGである。

2．Bから見て左隣はDである。

3．Cの正面はEである。

4．Dの正面はGである。

5．Eから見て左隣はCである。

　　男子と女子は4人ずつですから、条件アより、いずれの席も男子と女子が向かい合って座っていることになります。

　　ここで、条件エより、「ある人」を図1の①とすると、B，F，Eの位置が図のように決まり、それぞれの向かいの席の人の性別もわかります。残る席を図のように②～⑤としておきます。

図1

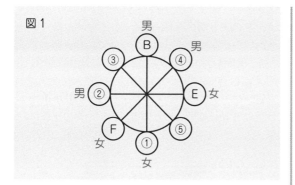

　図1より、残る③と⑤の性別を考えると、③が男子の場合、男子が4人並ぶことになり、条件イ，ウを満たしません。

　よって、③は女子、⑤は男子となります。

　そうすると、条件イより、②と⑤がAとCのいずれかで、条件ウより、③がGで、残る①はH、④はDとなり、図2のようになります。

ちょっと補足

①は女子、④は男子だからね。

図2

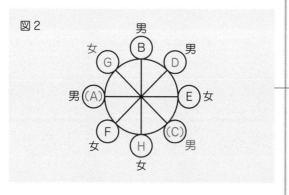

AとCは入替えOKだから、（ ）をつけておくよ。

　これより、正解は肢2です。

正解 ②

ある動物園には、図のようなA～Fのエサ場があり、アヒル，ウサギ，ミーア キャット，リス，レッサーパンダ，ワラビーがそれぞれのエサ場でエサを食べて いる。次のことが分かっているとき、「ウサギ」と「リス」のエサ場の組合せとし て最も妥当なのはどれか。

ただし、全ての動物は中央の丸いスペースに向かって、A～Fのいずれか1か 所でエサを食べ、それぞれのエサ場は移動しないものとする。また、Aの正面は Dであり、Aの右隣はBである。 刑務官 2021

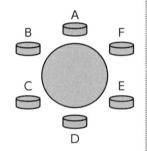

ア　アヒルのエサ場の正面は、リスのエサ場であ る。
イ　レッサーパンダのエサ場の左隣は、エサ場D である。
ウ　ウサギのエサ場の左隣は、ワラビーのエサ場 である。
エ　ミーアキャットのエサ場は、リスのエサ場の 隣でもエサ場Dでもない。

	ウサギ	リス
1.	B	A
2.	B	D
3.	C	A
4.	C	D
5.	C	F

まず、条件ア，イより、レッサーパンダはEですか ら、アヒルとリスは（A，D）または（C，F）のい ずれかとなり、それぞれの場合について考えます。

Ⅰ）アヒルとリスが（A，D）の場合

図1のように、アヒルとリスは（ ）をつけて入 替えOKとしておきます。

残るエサ場について、条件ウより、ウサギはC、ワ ラビーはBで、残るFがミーアキャットとなりますの で、条件エより、リスはDで、アヒルがAに決まりま す（図2）。

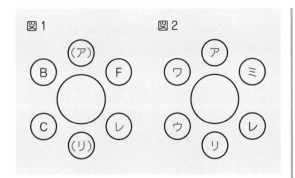

図1 　図2

Ⅱ）アヒルとリスが（C，F）の場合

　同様に、図3のように、アヒルとリスは（　）を
つけておきます。

　条件ウより、ウサギはB、ワラビーはAとなります
が、そうすると、図4のように、ミーアキャットは
残るDとなり、条件エを満たしません。

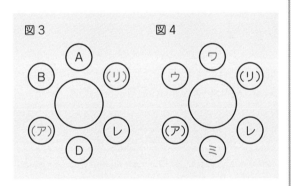

図3 　図4

　よって、図2のように決まり、正解は肢4です。

正解 ④

パターン 11

　ある町の図書館，デパート，小学校，中学校，大学の位置関係については、A〜Eに示すとおりである。これから確実にいえるのはどれか。

出典▶国家Ⅲ種 2004

A　中学校の真北に図書館がある。
B　図書館の南西にデパートがあり、デパートの南東に小学校がある。
C　小学校の真北に大学があり、大学の南西に中学校がある。
D　デパート，中学校及び小学校は一直線上にある。
E　デパートから中学校までの距離は、大学から中学校までの距離と等しい。

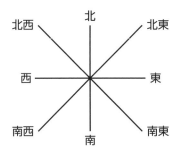

1．中学校は小学校の南西にある。
2．図書館から大学までの距離は、大学から小学校までの距離よりも長い。
3．小学校は図書館の南西にある。
4．デパートから小学校までの距離は、小学校から中学校までの距離よりも短い。
5．デパートから大学までの距離は、大学から小学校までの距離と等しい。

　条件A〜Cはそれぞれ図1のように、図に表しておきましょう。方角だけしかわからず位置が決まらないところは、破線で示しておきますよ。

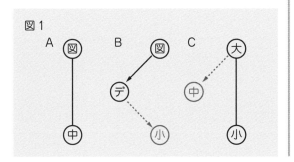

Bは図書館と小学校の、Cは中学校と小学校の位置関係がこの段階ではわからないので、方向だけ示しておくってことだよ！

ちょっと補足

ここで、条件Dを加えて、AとBを合わせます。条件Cより小学校は中学校より東の方角ですから図2のようになりますね。

図2

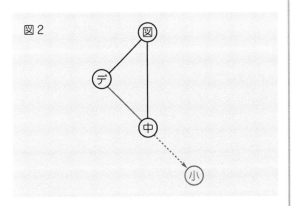

　さらに条件CとEより、デパートから中学校の距離と同じ距離になるように、中学校の北東に大学をとります。大学の真南に小学校の位置が決まることになり、図3のようになります。

ここが
ポイント!

図3

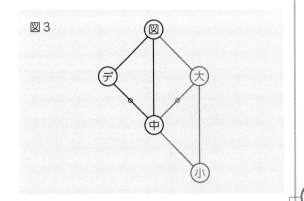

　ここで、図にある三角形はすべて<u>直角二等辺三角形</u>であることを考慮すると、肢5が正解とわかります。

正解 ⑤

ナットクいかない方はこちら

斜めの方向はすべて、縦の方向に対して45度だからね。
直角二等辺三角形は2個合わせて正方形になるので、デパートと大学の距離は、図書館と中学校の距離に等しいことがわかるね。つまり、大学と小学校の距離と一緒だよね。

Exercise 24

A，B，C，D，Eの5軒の家がある。地点Oから見て、Bは北東にあり、Dは南にある。Aは、Bから見て北西にあり、Cから見て北東にある。また、EはDから見て北東にある。このとき、確実にいえるのはどれか。

出典 裁判所事務官Ⅲ種 2005

1．Aは、Cより東側にあり、Eより北側にある。
2．Bは、Cより東側にあり、Dより北側にある。
3．Cは、D及びEより北側にある。
4．Dは、Aより東側にあり、Bより南側にある。
5．Eは、Bより北側にあり、地点Oより南側にある。

地点OとBの位置を固定して、これを基準に他の家がどの方角にあるかを記入して、図1のようになりますね。

図1

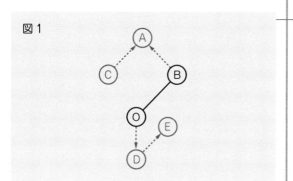

ちょっと補足

Oを中心にBの位置までは決めていいけど、次のDは「Oの南」だけではBとの位置関係が不明なので位置は特定できないから、方角だけ破線で示すってこと。

本問はこれ以上に位置関係を特定することはできないので、ここから選択肢を検討しましょう。

肢1 AとCの関係から、AはCより東側にあるのは確実ですが、図2のような位置関係も考えられますので、Eより北側かは確実ではありません。

ナットクいかない方はこちら

「Xの南」で「Yの東」のように、条件が2つあれば図のように位置は決まるんだけど、どれも1つしかないからね。

X
↓
Y → ☆

図2

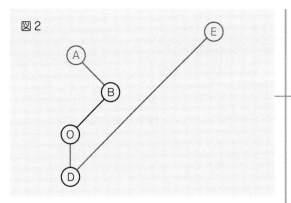

例外の可能性がある＝
確実にはいえない。だ
よね！

肢2 図1からBの位置を考えると、Cより東側でD
より北側なのは確実ですね。本肢が正解です。

肢3 図3のように、CがDやEより南側の可能性も
あり、確実ではありません。

北側の可能性もあるけど
ね。

図3

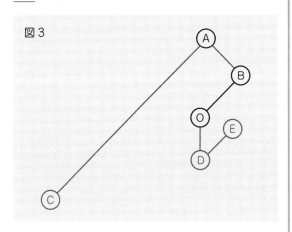

肢4 DがBより南側なのは確実ですが、Aより西側
の可能性もあることは図1からわかりますね。
　よって確実ではありません。

肢5 BはOより北側にありますから、Bより北側で
Oより南側の地点は存在しませんね。
　よって、このようなことはあり得ません。

正解 ②

駅，小学校，中学校，公園，交番，図書館，郵便局，市民プールの 8 つの施設が下の図のように配置されている（図の上方を北とする）。

次のア～ウのことが分かっているとき，交番の位置として確実に言えるものはどれか。なお，方角の「西」は真西を，「南西」は真南から西に 45 度，「北西」は真北から西に 45 度の方角を指すこととする（この場合，駅の西にあるのは E のみ，駅の北西にあるのは A と D のみである）。　　　🏛️裁判所職員一般職 2017

ア　小学校は，図書館の南西にある。
イ　中学校は，郵便局の西にある。
ウ　公園は，市民プールの北西にある。

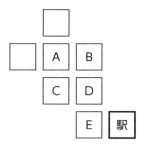

1. A
2. B
3. C
4. D
5. E

与えられた図の空白の 2 カ所を，図 1 のように①，②とします。

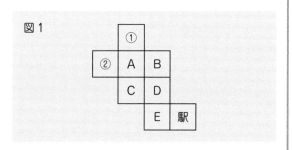

図 1

条件アより、（小学校，図書館）は、（②，①）また
は（C，B）のいずれかですから、ここで場合分けを
します。

Ⅰ）（小学校，図書館）＝（②，①）の場合

　条件イを満たす（中学校，郵便局）は、（A，B）
または（C，D）ですが、（C，D）の場合、図2の
ようになり、条件ウを満たす（公園，プール）の場所
がありません。

　しかし、（中学校，郵便局）が（A，B）の場合は、
図3のように、（公園，プール）は（C，E）で、残
るDが交番で条件を満たします。

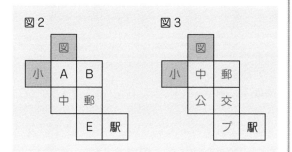

Ⅱ）（小学校，図書館）＝（C，B）の場合

　条件イを満たす（中学校，郵便局）は、図4のよ
うに、（②，A）になりますが、やはり、条件ウを満
たしません。

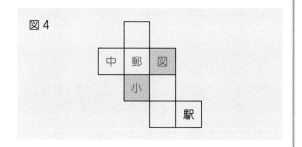

　よって、図3のように決まり、正解は肢4です。

正解 ④

数量条件の推理 ➡ 数式や表を使え!

重要度

ガイダンス ✒

★数量条件を中心として推理していく問題で、さまざまな問題があります。
★出題頻度はやや高めで、試験によっては頻繁に出題するところもあります。

パターン 12

A〜Eの5人の年齢の関係として、次のア〜オのことがわかっているとき、2番目に年齢が高い人は誰か。　　　　　　　　　　　　　　警視庁Ⅲ類 2005

ア　AはBよりも2歳年上である。
イ　Dの年齢はCの年齢の2倍である。
ウ　BはDよりも7歳年上である。
エ　Eは34歳である。
オ　全員の年齢を合計すると92になる。

1. A
2. B
3. C
4. D
5. E

A〜Eの年齢をそのままA〜Eとして、条件ア〜オを式に表してみましょう。次のようになりますね。

ア	A = B + 2
イ	D = 2C
ウ	B = D + 7
エ	E = 34
オ	A + B + C + D + E = 92

まず、イの「D = 2C」をウのDに代入しましょう。BをCの式にすることができます。さらにそれを

One Point Advice

文字数を減らすために、できれば1文字で表せないかと考えてみよう!
本問は「C = ××」だけないので、他をCで表すほうがラクかな。でも、他の文字で表してもOKだよ!

アに代入すると、AもCで表せますね。

イをウに代入 ⇒ B = 2C + 7

アに代入 ⇒ A = 2C + 7 + 2 = 2C + 9

よって、これらをオに代入して、次の式が得られますね。

オ ⇒ A + B + C + D + E = 92

2C + 9 + 2C + 7 + C + 2C + 34 = 92

CはCだよ！
忘れないでね。

7C + 50 = 92
7C = 42   ∴C = 6

これより、C = 6を代入して、A〜Eの年齢は次のようにわかりますね。

A = 2 × 6 + 9 = 21（歳）
B = 2 × 6 + 7 = 19（歳）
C = 6歳
D = 2 × 6 = 12（歳）
E = 34歳

よって、2番目に年齢が高いのはAで、正解は肢1です。

正解 ①

A，B，Cの3人が赤い玉，白い玉，青い玉をいくつかずつ持っている。3人の玉の受渡しについて次のことが分かっているとき，Aが当初持っていた玉の合計数はいくつか。　　　　　　　　　　　出題 海上保安大学校等 2013

ア　Aの赤い玉1個とBの白い玉5個を交換したところ、Aが持っている玉の合計数は、Bが持っている玉の合計数の2倍になった。

イ　その後、Bの青い玉1個をCに渡したところ、Bが持っている玉の合計数とCが持っている玉の合計数は等しくなった。

ウ　さらにその後、Cの青い玉1個とAの白い玉3個を交換したところ、Aが持っている玉の合計数は、Cが持っている玉の合計数よりも4個多くなった。

1．9個
2．10個
3．11個
4．12個
5．13個

　　求めるのは、Aが当初持っていた玉の数ですが、条件を一通り確認すると、各人の玉の合計数の情報が中心で、どうやら色はあまり関係ないようですね。

――ダミーだね！
だまされないように！

　　では、A，B，Cの3人が当初持っていた玉の合計数を、それぞれ a，b，c とし、条件から式を立てましょう。

　　まず、条件アより、Aの1個とBの5個を交換したので、Aは4個増え、Bは4個減りましたので、次のような式が立ちます。

$$a + 4 = 2(b - 4) \quad \cdots ①$$

　　次に、条件イより、Bは①の段階からさらに1個減って、$b - 5$（個）に、Cは1個増えましたから、次のようになります。

$$b - 5 = c + 1 \quad \cdots ②$$

そして、条件ウより、Cは②の段階からさらに2個増えて、$c + 3$（個）に、Aは①の段階から2個減って、$a + 2$（個）になり、次のようになります。

$$a + 2 = c + 3 + 4 \quad \cdots ③$$

あとは、①〜③を連立させて解きます。

3文字の連立方程式だね。文字を1つずつ消していくよ！

①より、$a + 4 = 2b - 8$
$\qquad \therefore a = 2b - 12 \quad \cdots ①'$
①'を③に代入して、$2b - 12 + 2 = c + 3 + 4$
$\qquad\qquad 2b - 10 = c + 7$
$\qquad\qquad \therefore c = 2b - 17 \quad \cdots ③'$
③'を②に代入して、$b - 5 = 2b - 17 + 1$
$\qquad\qquad b - 2b = -17 + 1 + 5$
$\qquad\qquad -b = -11 \quad \therefore b = 11$
$b = 11$ を①'に代入して、$a = 2 \times 11 - 12 = 10$
$b = 11$ を③'に代入して、$c = 2 \times 11 - 17 = 5$

よって、当初の合計数は、Aは10個、Bは11個、Cは5個となり、正解は肢2です。

正解 ②

A～Eの五つのチョコレートがあり、これらの価格はすべて異なっていて、100円，200円，300円，400円，500円のいずれかである。次のことがわかっているとき、確実にいえるのはどれか。　　　　出典▶入国警備官等 2003

　　ア　Bの価格は、CとDの和に等しい。
　　イ　Dの価格は、AとCの和に等しい。
　　ウ　Eの価格は、AとDの和に等しい。

　1．Aは 100 円である。
　2．Bは 400 円である。
　3．Cは 200 円である。
　4．Dは 300 円である。
　5．Eは 500 円である。

　A～Eの価格をA～Eとして、条件を式にしておきましょう。次のとおりですね。

$$
\begin{array}{ll}
ア & B = C + D \\
イ & D = A + C \\
ウ & E = A + D
\end{array}
$$

　まず、イの式をアのDに代入しましょう。

$$B = C + A + C = A + 2C$$

　これより、<u>Cは 100 円か 200 円</u>ですので、ここから場合分けをして、次のように整理します。

ナットクいかない方はこちら

Cが 300 円以上だと、Bが 600 円以上になっちゃうよ！ **?**

	A	B	C	D	E
①	200	400	100		
②	300	500	100		
③	100	500	200		

　さらに条件イとウから、残るDとEを入れて次のようになりますね。

	A	B	C	D	E
①	200	400	100	300	500
②	300	500	100	400	700
③	100	500	200	300	400

100円～500円が1つ
ずつになっていることも
確認してね！

　②についてはEが700円で不適ですね。①と③の
2つの成立例があることがわかり、ここから選択肢を
検討すると、肢4のみが確実にいえます。

正解 ④ 🖊

　10枚のカードに、1〜10のそれぞれ異なる数字が書かれている。これをA，B，Cの3人に3枚ずつ配ったところ、3人は次のように発言した。

　A　「3枚ともすべて奇数である。」
　B　「3枚ともすべて偶数である。」
　C　「3枚のうちの1枚に書かれた数が、残りの2枚に書かれた数の積になっている。」

　さらに、3人それぞれの持っているカードに書かれた数字の和を比べると、C＜B＜Aとなっていた。このとき残った1枚のカードに書かれている数字として正しいものはどれか。　　　📖裁判所職員一般職 2022

1．1
2．2
3．3
4．4
5．5

　まず、Cの発言より、Cのカードの数字の組合せを考えると、次の3通りとなります。

$$(2, 3, 6) \cdots ①$$
$$(2, 4, 8) \cdots ②$$
$$(2, 5, 10) \cdots ③$$

　このうち、②については3枚とも偶数ですが、1〜10に偶数は5枚で、Bの発言から、5枚のうち3枚をBが持っていますので、Cのカードが3枚とも偶数であることはあり得ませんね。
　よって、②は不適となり、①か③ですから、ここで、それぞれの場合について、確認します。

Ⅰ）Cのカードが①の場合

　表1のように、1〜10を並べ、2，3，6のところにCと記入します。
　そうすると、残る数字で、偶数は4，8，10のみですから、これがBのカードとなり、同じように記入

One Point Advice

こうやって、カードを並べて、持っている人を記入していけば、残っているカードがわかりやすいし、重複とかも防げるからね。

します。

表1

1	2	3	4	5	6	7	8	9	10
	C	C	B		C		B		B

　ここで、Bのカードの数字を合計すると、4＋8＋10＝22となりますので、条件より、Aのカードの数字の合計は23以上となりますが、残るカードでこれを満たす組合せはありませんね。
　よって、この場合は成立しません。

Ⅱ）Cのカードが③の場合

　同様に、Cのカードを表に記入すると、Bのカードは4，6，8となり、表2のようになります。

表2

1	2	3	4	5	6	7	8	9	10
	C		B	C	B		B		C

　この場合、Bのカードの数字の合計は、4＋6＋8＝18となり、残る数字でこれを超える組合せを探すと、3＋7＋9＝19となり、これがAのカードとわかります（表3）。

表3

1	2	3	4	5	6	7	8	9	10
	C	A	B	C	B	A	B	A	C

　Cのカードの数字の合計は、2＋5＋10＝17ですから、C＜B＜Aの条件を満たし、成立しますね。
　よって、残った1枚のカードの数字は1となり、正解は肢1です。

正解①

0，3，6，9，12，15，18，21，24 のうちの互いに異なる数字が一つず
つ書かれた 9 個のボールが入った袋から、A，B，C の 3 人が 3 個ずつボールを
取った。各人が取ったボールについて次のことが分かっているとき、C が取った
3 個に書かれた数字の積はいくらか。 海上保安学校(特別) 2012

ア 　各人が取ったボールに書かれた数字の和を大きい順に並べると、隣り合う
合計値の差は、それぞれ 3 であった。

イ 　A は 18 が書かれたボールを取った。3 個のボールに書かれた数字の和は、
3 人で最も大きかった。

ウ 　B は 0 が書かれたボールを取り、他の 2 個のボールに書かれた数字は、い
ずれも 6 の倍数であった。

1．567
2．756
3．945
4．1,134
5．1,512

まず、9 個のボールの数字の和を求めます。9 個の
数字を小さいほうから並べると、3 ずつ大きくなる
「等差数列」になっていますので、図のように、2 つ
ずつ組み合わせると、和が 24 の組合せが 4 組と、真
ん中に「12」が残りますので、24 × 4 + 12 = 108
となります。

ちょっと補足

数的推理で扱う「等差数列の和
の公式」を使うと、
$(0 + 24) × 9 ÷ 2 = 108$ と
なるね。

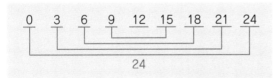

24

ここで、条件アより、3 人が取ったボールの数字の
和のうち、最も小さい数を x とすると、次の数字は（x
+ 3）、最も大きいのは（$x + 6$）と表せますので、
その和から次のように求められます。

計算しよう!

$3x + 9 = 108$
$3x = 99$ 　∴ $x = 33$

$$x + (x + 3) + (x + 6) = 108$$

これを解いて、$x = 33$ ですから、3人のボールの数字の和は、33，36，39 とわかりますね。

　そうすると、条件ウより、Bが取った3つのうち1個は「0」ですが、残る2個はいずれも6の倍数ですから、その和も6の倍数で、3個の数字の和は36とわかります。残る8個の数字のうち6の倍数で和が36になる2個は（12，24）しかありませんので、Bの3個は（0，12，24）に決まります。

　次に、条件イより、Aの3個の和は39ですが、1個は「18」ですから、あと2個で 39 − 18 = 21 となります。

　残る数字で和が21になるのは（6，15）のみですから、Aの3個は（6，15，18）に決まります。

　これより、Cの3個は、残る（3，9，21）となり、その積は 567 で、正解は肢1です。

正解 ① 🖊

ナットクいかない方はこちら

6の倍数どうしを足すと、
$6a + 6b = 6(a + b)$
のように、和も6の倍数になるよね。
Bの1個は「0」だから、あと2個の和が、そのまま3個の和になるけど、33，36，39のうち、6の倍数は36だけ！

ちょっと補足

Bの3個と「18」を除く（3，6，9，15，21）の5個から探してね！

ワンポイントアドバイス One Point Advice

選択肢の一の位は全部バラバラだから、こういうときは、「3×9×21」の一の位だけを確認してみよう！
「3×9」の一の位の「7」に「21」の「1」を掛けて「7」で、肢1とわかる！
メンドーな掛け算のときは、ちょっと便利でしょ!?

リンゴ 12 個、ミカン 13 個の合計 25 個の果物を、A〜E の 5 人に 5 個ずつ配った。各人に配られた果物について次のことが分かっているとき、確実にいえるのはどれか。

なお、A〜E には 5 個の果物のうち、リンゴ又はミカンが 1 個も配られない場合もあり得るものとする。

出典 海上保安大学校等 2012

　ア　A には、D より多くのリンゴが配られた。
　イ　A には、少なくとも 1 個のミカンが配られた。
　ウ　B には、C より多くのリンゴが配られた。
　エ　B と D に配られたリンゴの個数は同じだった。
　オ　E には、C より多くのリンゴが配られた。

1．A に配られたリンゴが 4 個ならば、B に配られたリンゴは 2 個である。
2．B に配られたリンゴの個数は 2 個以下である。
3．C に配られたリンゴが 1 個ならば、D に配られたリンゴは 2 個である。
4．D に配られたリンゴの個数は E よりも少ない。
5．E に配られたリンゴの個数は 4 個以下である。

　条件を一通り確認すると、5 人に配られたリンゴの個数の情報が多いですね。選択肢もリンゴの個数について書かれていますので、ここでは、<u>リンゴの個数のみ調べる</u>ことにします。

　まず、条件より、各人に配られたリンゴの数の大小関係は次のようになります。

1 人 5 個ずつだから、リンゴの数がわかれば、ミカンの数もわかるしね！

> 条件ア，ウ，エ　⇒　A＞D＝B＞C　…①
> 条件オ　⇒　E＞C　…②

　また、条件イより、A に配られたリンゴは 4 個以下ですから、ここから場合分けします。

Ⅰ）A のリンゴが 4 個の場合

　①より、B と D は 3 個以下です。3 個の場合、A，B，D の 3 人で 4＋3＋3＝10（個）となり、リンゴは全部で 12 個ですから、残る C と E で 2 個となります。そうすると、②より、<u>E が 2 個で、C は 0 個となります</u>ね。

1 個ずつだと、②を満たさないからね。

また、BとDが2個の場合、CとEで、12 −（4
＋2＋2）＝4（個）ですから、(C，E)＝(0，4)
(1，3)の2通りとなり、ここまでを表1のように
整理します。

①より、Cは1個以下
だからね。

表1

	A	B	C	D	E
i	4	3	0	3	2
ii	4	2	0	2	4
iii	4	2	1	2	3

また、BとDが1個の場合、CとEで、12 −（4
＋1＋1）＝6（個）となりますが、①より、Cは0
個ですから、Eが6個となり、条件を満たしません。

Ⅱ）Aのリンゴが3個の場合

同様に、BとDは2個以下です。2個の場合、Cと
Eで、12 −（3＋2＋2）＝5（個）ですから、(C，
E)＝(0，5)(1，4)の2通りで、これを表1に
加えて、表2を得ます。

BとDが0個の場合が
NGなのは、①からわか
るよね！

表2

	A	B	C	D	E
i	4	3	0	3	2
ii	4	2	0	2	4
iii	4	2	1	2	3
iv	3	2	0	2	5
v	3	2	1	2	4

また、BとDが1個の場合も、Ⅰ）と同様に条件
を満たしません。

Ⅲ）Aのリンゴが2個の場合

BとDは1個、Cは0個ですから、Eは12 −（2
＋1＋1）＝8（個）となり、条件を満たしません。

また、Aのリンゴが1個の場合も成立しないのは
明らかですから、表2の5通りが成立し、これより、

選択肢を検討します。

肢 1，2 i の場合があり得ますので、Bは3個の可能性もあります。

肢 3 iii と v の場合ですが、いずれもDは2個で、確実にいえます。

肢 4 i の場合があり得ますので、Dのほうが多い可能性もあります。

肢 5 iv の場合があり得ますので、5個の可能性もあります。

正解 ③

　オリンピックが開催され、A～Dの4カ国のメダル獲得状況について以下のことがわかっている。このとき、確実にいえることとして、最も妥当なのはどれか。

警視庁Ⅲ類 2018

ア　A～D国のメダル獲得数の合計は、金メダル10枚、銀メダル15枚、銅メダル7枚であった。
イ　A～D各国のメダル獲得数は、Aが4枚、BとDが各9枚、Cが10枚であった。
ウ　Aは金・銀・銅メダルのうち、2種類のメダルを獲得した。
エ　Bは銅メダルを2枚獲得し、金メダルの枚数は、Cが獲得した金メダルの枚数と等しい。
オ　Cは銀メダルを5枚獲得し、単独で最多であった。
カ　Dが獲得した金メダルの枚数は、単独で最多であり、銀メダルの枚数はBが獲得した銀メダルの枚数と等しい。

1．Aは金メダルを2枚獲得した。
2．Bは銀メダルを3枚獲得した。
3．Cは銅メダルを2枚獲得した。
4．Dは金メダルを6枚獲得した。
5．Dは金・銀・銅メダルのうち、2種類のメダルを獲得した。

　A～D国とメダルの種類で対応表を作成して、獲得した枚数を記入します。
　まず、条件エより、BとCの金メダルの枚数は等しいので、これを x とします。同様に、条件カより、BとDの銀メダルの枚数を y とします。その他にわかることを記入して、表1を得ますね。

表1

	金	銀	銅	計
A				4
B	x	y	2	9
C	x	5		10
D		y		9
計	10	15	7	32

数字を入れるんだから、
合計欄はマスト！

条件オより、y は4以下です。しかし、$y = 3$ の場合、Aの銀メダルは、$15 - (3 + 5 + 3) = 4$（枚）となり、金、銅メダルが0枚になって、条件ウを満たしません。

よって、$y = 4$ とわかり、Aの銀メダルは、$15 - (4 + 5 + 4) = 2$（枚）となります。

そうすると、Bの合計より、$x = 9 - (4 + 2) = 3$ とわかり、ここまでで表2を得ます。

y が2以下でもダメなのはわかるよね!?

表2

	金	銀	銅	計
A		2		4
B	3	4	2	9
C	3	5		10
D		4		9
計	10	15	7	32

また、条件カより、Dの金メダルは単独で最多なので、4枚以上となり、金メダルの合計から、Dが4枚、Aは0枚とわかります。

あとは、合計を満たすように表を埋めると、表3のように完成します。

表3

	金	銀	銅	計
A	0	2	2	4
B	3	4	2	9
C	3	5	2	10
D	4	4	1	9
計	10	15	7	32

これより、正解は肢3です。

正解③

A～Eの5人の選手が100m走、走り幅跳び及び砲丸投げの3種目競技をした。各種目ごとに1位から3位までを入賞とし、1位には3点、2位には2点、3位には1点を与え、合計点によって順位を決めた。いずれの種目でも、また、合計点でも同順位はいなかった。競技終了後、各選手は次のように話した。各選手とも真実を話しているとすると、正しいのはどれか。

海上保安大学校等 2002

A 「私は100m走で2位であった。」
B 「私は走り幅跳びで3位、合計点は3点であった。」
C 「私は合計点で1位であった。」
D 「いずれの種目でも私より下位の者がいた。」
E 「私は走り幅跳びで1位、合計点は6点であった。」

1. Aは合計点で3位であった。
2. 砲丸投げの2位はBであった。
3. 100m走の3位はCであった。
4. Dはいずれか1種目で入賞した。
5. 砲丸投げの1位はEであった。

A～Eの5人の得点を表にまとめましょう。各人の発言より表1のようになりますね。

表1

	A	B	C	D	E
100m走	2				
走り幅跳び		1			3
砲丸投げ					
合計点		3			6

（1位）

— 順位ではなく得点だからね。気をつけて！

まず5人の得点の合計は、1～3位に合計6点で3種目ありますから、18点となりますが、BとEで計9点で、Aも2点以上得点していますので、この3人で最小でも11点で、残る得点は最大で7点となります。

しかし1位はCですから、Eの6点より多いので

7点以上です。ここから、Cは7点、Aは2点、D
は0点とわかりますね。ここまでで、表2を得ます。

ちょっと補足

Dの発言を誤解しないでね。自分より下位の者がいても、4位だったら0点だからね！

表2

	A	B	C	D	E
100m走	2			0	
走り幅跳び	0	1		0	3
砲丸投げ	0			0	
合計点	2	3	7	0	6

　これより、Cは走り幅跳びで2位で、残る2種目
で5点ですから、100m走は1位で、残る砲丸投げ
は2位であったことがわかります。

ナットクいかない方はこちら

100m走の2位はAだし、3位だと1点で、合計7点に足りなくなるからね。

　よって、砲丸投げで1位だったのは、BかEです
が、Bがここで3点を得ると合計3点を超えてしまい
ますので、1位はEで、3位がBですね。
　あとは合計点から、100m走の3位はBとなり、
表3を得ます。

表3

	A	B	C	D	E
100m走	2	1	3	0	0
走り幅跳び	0	1	2	0	3
砲丸投げ	0	1	2	0	3
合計点	2	3	7	0	6

　これより、正解は肢5となりますね。

 正解 ⑤

　X，Y，Zの3人の審査員が三つの料理A，B，Cに対して評価を行い、それぞれの料理に対して順位を付けた。得点を1位：6点、2位：4点、3位：2点（合計12点）としたところ、表のような結果となり、三つの料理とも総得点は同じであった。

	X	Y	Z	総得点
料理A	6	4	2	12
料理B	4	2	6	12
料理C	2	6	4	12
合計	12	12	12	

　そこで、3人の審査員は、各料理に対する1位，2位，3位の順位を維持したままで、それぞれ合計12点の得点の配分を、最低点を1点として1点刻みで自由に決められるようにして、再評価を行った（例えば、1位を6点から8点、2位を4点から3点、3位を2点から1点に得点を変更することができる。ただし、同点による同順位は作らないこととする）。

　再評価の得点に関して次のことが分かっているとき、再評価の結果について確実にいえることとして最も妥当なのはどれか。　出題▶海上保安学校（特別）2022

　ア　どの料理についても、3人の審査員が付けた得点は異なっていた。
　イ　料理Aは、3人の審査員が全員、奇数の得点を付け、その総得点は一桁であった。
　ウ　料理Bは、3人の審査員が全員、偶数の得点を付けた。

　1．料理Bと料理Cの総得点は、同じであった。
　2．Yは、料理Cに8点を付けた。
　3．料理Cの総得点は、15点であった。
　4．審査員が4点を付けた料理は、二つあった。
　5．審査員が付けた最高得点は、Zが料理Bに付けた得点であった。

　まず、条件イより、異なる3つの奇数の和が1桁になる組合せを考えると、1＋3＋5＝9のみで、これがAの得点となります。
　はじめの評価の表より、Aの料理については、Xは1位に、Yは2位に、Zは3位にしていますので、最低点の1点をつけたのはZであるとわかります。

ちょっと補足

再評価でも順位はキープだからね。1点をつけるのは3位しかないでしょ！

また、Xは、Aに最高点をつけたことになりますが、仮にこれが3点だとすると、残る2つの合計が12－3＝9（点）となり、少なくともどちらかに4点以上をつけたことになり矛盾します。

　よって、Xは、Aに5点をつけ、BとCには合計で12－5＝7（点）ですから、2位のBに4点、3位のCに3点をつけたことになります。

　これより、YはAに3点をつけたとわかり、ここまでを表1のように整理します。

表1

	X	Y	Z	総得点
料理A	5	3	1	9
料理B	4			
料理C	3			
合計	12	12	12	

　次に、Yがつけた点数について考えると、Yは、Bを3位にしていますので、Aの3点より低い点数をつけており、条件ウより、偶数ですから2点とわかります。そうすると、残るCには12－（3＋2）＝7（点）をつけたとわかりますね。

　最後に、Zがつけた点数について考えると、BとCに合計で12－1＝11（点）で、Bには偶数で、順位からB＞Cですから、(B，C)＝(8，3)(6，5)のいずれかですが、Cに3点をつけると、Xと同じになり、条件アに反します。

　よって、Bに6点、Cに5点をつけたとわかり、表2を得ます。

ちょっと補足

Aの1点よりは高い点数をつけているので、(10，1)はナシね！

表2

	X	Y	Z	総得点
料理A	5	3	1	9
料理B	4	2	6	12
料理C	3	7	5	15
合計	12	12	12	

これより、正解は肢３です。

正解 ③

ＡとＢの２人がジャンケンで勝負をした。グーで勝てば１点、チョキで勝てば２点、パーで勝てば５点が得られるが、負けると得点は得られず、どちらかが10点先取するまで繰り返す。次のことが分かっているとき、確実にいえるのはどれか。

ただし、あいこはなかったものとする。 📖 **入国警備官等 2020**

ア　Ａがチョキで勝つことが２回あった。
イ　２回目と５回目はＢが勝利した。
ウ　３回目終了時点で、Ａは４点リードしていた。
エ　６回目で決着がつき、最終的な得点はＡが10点、Ｂが７点であった。

1．１回目で、Ａはグーを出した。
2．２回目で、Ｂはパーを出した。
3．３回目で、Ｂはチョキを出した。
4．４回目で、Ｂはパーを出した。
5．５回目で、Ａはチョキを出した。

　まず、条件イ，エより、勝負は６回目までで、Ｂが少なくとも２回勝っていますから、Ａが勝ったのは最多でも４回となります。

　そうすると、条件ア，エから、Ａはチョキで２回勝って、２×２＝４（点）を得ていますが、合計で10点ですから、あと２回以内で、チョキ以外で６点を得ているとわかり、そのような方法を考えると、グーとパーで１回ずつ勝ったとわかります。

　すなわち、Ａは４回勝っていますので、条件イより、Ｂが勝ったのは２回目と５回目の２回だけですね。

　そうすると、条件エより、Ｂは２回で７点を得ていますので、チョキとパーで１回ずつ勝ったとわかります。

　ここで、条件ウについて考えると、1，３回目はＡが勝ち、２回目はＢがチョキかパーのいずれかで勝っ

ていますので、3回目終了時点で、Bの得点は2点または5点ですから、Aの得点は6点または9点となります。

　しかし、Aがこの時点で9点だとすると、4回目以降に2回勝って1点しか得なかったことになり、条件を満たしません。

　よって、3回目終了時点で、Aは6点、Bは2点で、Aは1，3回目のいずれかでグーとパーで1回ずつ勝ち、Bは2回目にチョキで勝ったとわかります。

　また、4回目以降については、4，6回目はAがチョキで、5回目はBがパーで勝ったとわかり。表のように整理します。1回目と3回目は（　）をつけて、A，Bセットで入替えOKとしておきますよ。

	1	2	3	4	5	6
A	（グ）	パ	（パ）	チ	グ	チ
B	（チ）	チ	（グ）	パ	パ	パ

　これより、正解は肢4です。

 正解 ④

 ちょっと補足

選択肢では「手」を聞いているので、負けたほうの手も入れておこう！
勝ったほうには色をつけておくね。

Exercise 32

A～Dの4人は、国語，数学，英語の3教科について、教科ごとに1点刻みで10点満点のテストを受けた。その点数と順位について次のことが分かっているとき、確実にいえることとして最も妥当なのはどれか。 **国家一般職 2021**

ア　平均点は、国語が6点、数学が5点、英語が4点であった。
イ　各教科において、他の者の点及びその教科の平均点と同点の者はおらず、また、全ての教科において、3点の者と7点の者がそれぞれいた。
ウ　Aの点数は、国語が3点、数学が4点、英語が7点であった。
エ　Bの順位は、国語で2位、数学で2位、英語で3位であった。
オ　各教科のCとDの点数の差は、いずれも4点であり、国語と英語ではCが上位、数学ではDが上位であった。

1．3教科の合計点では、Aは4位であった。
2．3教科の合計点では、Bは3位であった。
3．3教科の合計点では、Cは1位であった。
4．3教科の合計点では、Dは2位であった。
5．いずれかの教科で5点を取った者の人数は、1人だけであった。

条件アより、それぞれの平均点から、4人の合計点を計算すると、次のようになります。

> 国語の合計点　6 × 4 = 24（点）
> 数学の合計点　5 × 4 = 20（点）
> 英語の合計点　4 × 4 = 16（点）

ちょっと補足

合計点を人数で割ったのが平均だから、平均×人数で合計点になるよ。

これと、条件ウを表1のように整理しますね。

表1

	国語	数学	英語	計
A	3	4	7	14
B				
C				
D				
計	24	20	16	60

ここで、数学の点数について考えると、A以外の3人で、20－4＝16（点）で、条件イより、3点と7点の者がいるので、残る1人は16－（3＋7）＝6（点）となります。

　そうすると、条件オより、（3，6，7）のうち、差が4になるのは（3，7）のみですから、Dが7点で、Cが3点、残るBが6点とわかります。

　次に、国語の点数について、同様に、A以外の3人のうち1人は7点ですから、残る2人で、24－（3＋7）＝14（点）となります。

　10以下の点数での組合せを考えると、（4，10）（9，5）（8，6）（7，7）がありますが、国語の平均点は6点ですから、（8，6）と（7，7）は条件イを満たしませんので、（4，10）または（9，5）のいずれかとなります。

　しかし、（4，10）の場合、（4，7，10）のうちいずれか2数で差が4になる組合せがなく、条件オを満たしません。

　よって、（9，5）に決まり、条件オより、Cが9点で、Dが5点、残るBが7点とわかります（表2）。

表2

	国語	数学	英語	計
A	3	4	7	14
B	7	6		
C	9	3		
D	5	7		
計	24	20	16	60

　最後に、英語の点数について、同様に、A以外の3人のうち1人は3点で、残る2人で、16－（7＋3）＝6（点）ですから、条件イを満たす組合せを考えると、（0，6）（1，5）のいずれかです。

　しかし、（0，6）の場合、やはり、（0，3，6）の中で差が4になる2数がなく、（1，5）に決まり、条件オより、Cが5点、Dが1点、Bが3点で、表3を得ます。

表3

	国語	数学	英語	計
A	3	4	7	14
B	7	6	3	16
C	9	3	5	17
D	5	7	1	13
計	24	20	16	60

よって、正解は肢 3 です。

正解 ③

ちょっと補足

条件エの出番はなかったけど、ちゃんと満たしているのがわかるよね。

試合 ➡ 勝敗表と図を使え！

ガイダンス

★スポーツの試合の成績などを推理する問題で、リーグ戦とトーナメント戦の問題があります。
★出題頻度はやや高めです。

パターン 16

A，B，C，D，Eの5人が、ある競技のリーグ戦（総当たり戦）を行った。リーグ戦の結果について、次のア〜オのことがわかっているとき、確実にいえるのはどれか。ただし、各対戦は1試合ずつ行い、引き分けはなかったものとする。

🏛 裁判所事務官Ⅲ種 2005

ア　Cは4勝した。
イ　DはAに勝った。
ウ　EはBに負けた。
エ　AはEに勝った。
オ　2勝した者、3勝した者がそれぞれ1人だけいた。

1．4敗した者はいない。
2．3勝したのはDである。
3．DはBに勝った。
4．EはDに負けた。
5．AはBに勝った。

「勝敗表」という表を作成し、勝ち負けを○×で記入しましょう。条件アのCは全勝ですから、条件ア〜エを記入して、表1のようになります。

表 1

	A	B	C	D	E
A			×	×	○
B			×		○
C	○	○		○	○
D	○		×		
E	×	×	×		

ちょっと補足

表は横に見て、勝ち負けを入れるよ。勝者、敗者の両方に記入することを忘れずにね。引き分けであれば両方に△を入れるんだよ。

　ここで、5人でリーグ戦を行ったときの総試合数を求めましょう。5人がそれぞれ4試合ずつ行いますが、1試合に2チームが参加しますので、次のような計算で求められます。

$$\frac{5 \times 4}{2} = 10（試合）$$

勝敗表の欄の数の半数
（対角線から片方の数）に当たるよね。

　本問では引き分けはありませんので、5人の勝ち数の合計は試合数と同じ10勝になるわけですが、Cは4勝で、条件オより、3勝と2勝が1人ずつですから、この3人で9勝になります。

　すなわち、残る2人で1勝のみですから、1人が1勝、もう1人は0勝（全敗）とわかり、表1で全敗の可能性があるのはEのみですから、EはDにも負けていることがわかり、表2を得ますね。

公⊛式

リーグ戦の試合数
n 人（チーム）でリーグ戦
を行うときの総試合数
$$\frac{n(n-1)}{2}（試合）$$

他の4人は少なくとも1個は○があるからね。

表 2

	A	B	C	D	E
A			×	×	○
B			×		○
C	○	○		○	○
D	○		×		○
E	×	×	×	×	

ここで
選択肢を斬る！

これから先は場合分けなので、ちょこっと選択肢を見てみると、肢4の正解がわかるね。

　あとは、A，B，Dのいずれかが1勝、2勝、3勝となりますので、Aが1勝か2勝かで場合分けをします。

Ⅰ）Aが1勝の場合

BとDの一方が2勝、他方が3勝ですが、表3のようにどちらの可能性もあります。

表3

	A	B	C	D	E
A		×	×	×	○
B	○			×	○／×	○
C	○	○		○	○
D	○	×／○	×		○
E	×	×	×	×	

Ⅱ）Aが2勝の場合

Bが1勝、Dが3勝で、表4のようになります。

表4

	A	B	C	D	E
A		○	×	×	○
B	×			×	×	○
C	○	○		○	○
D	○	○	×		○
E	×	×	×	×	

これより、いずれの場合においても確実にいえるのは肢4のみで、これが正解ですね。

正解 ④

ワンポイントアドバイス
One Point Advice

リーグ戦の問題はこのような「勝敗表」に整理できる問題が多いよ。
勝敗（○×）以外にも、得点とかスケジュールを書き込むこともできるしね。

　A〜Fの6人で剣道の総当り戦を行った。結果は、A，C，Eがそれぞれ4勝、Fは2勝で、引き分けはなかった。これから確実にいえるのはどれか。

刑務官 2004

1．BはDに勝ち、Fに敗れた。
2．CはEに勝ち、Aに敗れた。
3．DはFに勝ち、Eに敗れた。
4．EはAに勝ち、Bに敗れた。
5．FはBに勝ち、Cに敗れた。

　6人のリーグ戦ですから、総試合数は次のようになりますね。

$$\frac{6 \times 5}{2} = 15 \text{（試合）}$$

　4勝の3人とFの2勝で勝ち数の合計は、4×3＋2＝14（勝）になりますから、残る勝ち数は1勝のみで、BかDの一方が1勝、他方は0勝となります。
　ここで、A，C，Eの3人について、各々1敗しているわけですが、この3人もお互いに試合を行いますので、AC戦，CE戦，AE戦のそれぞれで1回ずつ負けたことになり、B，D，Fに対してはいずれも勝っていることがわかりますね。
　ここまでで表1のようになります。

表1

	A	B	C	D	E	F
A		○		○		○
B	×		×		×	
C		○		○		○
D	×		×		×	
E		○		○		○
F	×		×		×	

またFは2勝ですから、B，Dには勝っていることがわかり、BとDはBD戦の勝者が1勝、敗者が0勝となり、表2を得ますが、これ以上は確定しませんね。

ちょっと補足

A，C，Eがどの試合で負けていても、BとDのどちらが勝っていても、それぞれ成立することはわかるよね。

表2

	A	B	C	D	E	F
A	╲	○		○		○
B	×	╲	×		×	×
C		○	╲	○		○
D	×		×	╲	×	×
E		○		○	╲	○
F	×	○	×	○	×	╲

これより、選択肢を検討すると肢5のみ確実にいえることがわかります。

正解⑤

A～Eの五つのサッカーチームが総当たり戦を行った。試合に勝ったチームには3点、負けたチームには0点、引き分けた場合は両チームに1点ずつ与えることとし、合計点によって順位を決めたところ、合計点が同じとなったチームはなかった。各チームについて次のことが分かっているとき、確実にいえるのはどれか。

海上保安大学校等 2022

A：合計点で5位であった。Cと引き分けた。
B：合計点は7点であった。
C：一度も負けなかった。合計点で1位であった。
D：BとCに負けた。
E：合計点は5点であった。B及びDと引き分けた。

1. Aの合計点は、2点であった。
2. Bは、Aに負けた。
3. Cの合計点は、10点であった。
4. Dは、Aと引き分けた。
5. Eは、Cと引き分けた。

A～Eの5チームで勝敗表を作成し、条件からわかることを記入します。合計点や順位の情報もありますので、これらも表1のように整理しておきます。

ワンポイントアドバイス
One Point Advice

特に欄を設けなくても、横に書き添えれば十分だよ。ただ、合計点と順位が混合しないよう気をつけてね。

表1

	A	B	C	D	E	合計点	順位
A			△				5位
B			○		△	7点	
C	△				○		1位
D		×	×		△		
E		△		△		5点	

Bの合計点は7点で、そのような得点の組合せを考えると、3＋3＋1＝7のみですから、Bは2勝1敗1分けとなります。

これより、Bは、AとCの一方に勝ち、もう一方に負けていますが、Cは一度も負けていませんので、BはCに負け、Aに勝ったとわかります。

同様に、Eの合計点は5点で、そのような組合せは、3＋1＋1＝5のみですから、Eは1勝1敗2分けで、やはり、AとCの一方に勝ち、もう一方に負けており、Bと同じく、Cに負け、Aに勝っています（表2）。

表2

	A	B	C	D	E	合計点	順位
A		×	△		×		5位
B	○		×	○	△	7点	
C	△	○		○	○		1位
D		×	×		△		
E	○	△	×	△		5点	

表2より、Cは3勝1分けで合計点は3×3＋1＝10（点）となります。

また、AとDは、この段階で、ともに2敗1分けですが、Aは5位ですから、ＡＤ戦はDが勝ったとわかり、Dは1勝2敗1分けで4点、Aは0勝3敗1分けで1点で、表3のように順位が判明します。

表3

	A	B	C	D	E	合計点	順位
A		×	△	×	×	1点	5位
B	○		×	○	△	7点	2位
C	△	○		○	○	10点	1位
D	○	×	×		△	4点	4位
E	○	△	×	△		5点	3位

よって、正解は肢3です。

正解 ③

A～Eの5チームが、バスケットボールの試合を総当たり戦で2回行った。今、2回の総当たり戦の結果について、次のア～エのことが分かっているとき、確実にいえるのはどれか。ただし、引き分けた試合はなかった。

出題 ▶ 特別区Ⅲ類 2019

ア Aは全てのチームに負け、勝った試合は2試合のみであった。
イ BはAとCに負けなかった。
ウ Cが負けた試合は5試合であった。
エ Eが負けた試合はなかった。

1. AはDとの対戦で2試合とも負けた。
2. Bは5敗した。
3. CはAとの対戦で1勝1敗であった。
4. Dは4勝した。
5. DはCとの対戦で2試合とも勝った。

2回の総当たり戦の勝敗表を作成します。とりあえず、条件イ，エを記入して、表1のようになります。

表1

1回目

	A	B	C	D	E
A	\	×			×
B	○	\		○	×
C		×	\		×
D				\	×
E	○	○	○	○	\

2回目

	A	B	C	D	E
A	\	×			×
B	○	\		○	×
C		×	\		×
D				\	×
E	○	○	○	○	\

ちょっと補足

引き分けはないので、条件イは、Bは2回ともAとCに勝ったってこと。条件エも、Eは2回とも全勝ってことだよね。

条件アより、AはC，Dにも1回は負けていますが、2勝していますので、C，Dに1勝ずつしていることになります。1回目と2回目の区別はありませんので、Aは、CとDには1回目に勝って2回目に負けたとして、表に記入してみます。そうすると、ここで、Cの×の数は2回合わせて5つになりますので、条件ウより、Cは2回ともDに勝っているとわかり、表2を得ます。

ここで
選択肢を斬る！

ここで肢3の正解がわかるんだ！

表2

1回目

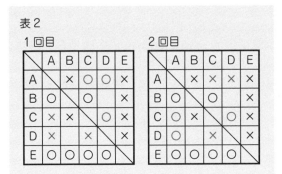

	A	B	C	D	E
A		×	○	○	×
B	○			○	×
C	×	×		○	×
D	×		×		×
E	○	○	○	○	

2回目

	A	B	C	D	E
A		×	×	×	×
B	○			○	×
C	○	×		○	×
D	○		×		×
E	○	○	○	○	

残るBD戦については不明ですね。

これより、選択肢を検討すると、正解は肢3とわかります。

正解 ③

パターン 17

相撲大会で、A～Hの8人の力士が、次の図のようなトーナメントを行った。今、次のア～エのことが分かっているとき、トーナメント表の①の位置の力士はだれか。　🏛特別区Ⅲ類 2005

ア　BはHに勝った。
イ　CはEに勝った。
ウ　HはDに勝った。
エ　Gは準優勝した。

1.　C
2.　D
3.　E
4.　F
5.　G

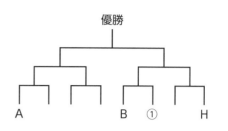

1回戦での位置を、図1のように②～⑤とします。

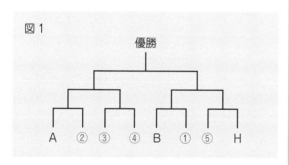

図1

図1より、条件アのBとHの対戦は、右のブロックの2回戦（準決勝）となり、負けたHはここで敗退ですから、条件ウのHD戦は1回戦、つまり⑤がDとなります。

また、準決勝で勝ったBは決勝に進出し、条件エから決勝戦はBG戦で、Gが準優勝なので優勝はBです。

よって、左のブロックの準決勝の勝者はGですから、条件イのCE戦は1回戦で③と④に、Gは②となって、残る①はFとわかります。正解は肢4ですね。

以上をまとめて、図2のようになります。

図2

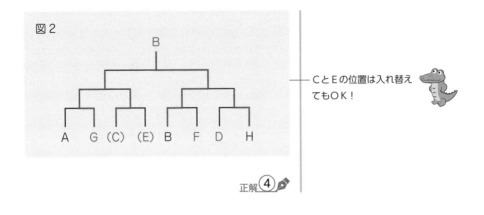

CとEの位置は入れ替え
てもOK！

正解④

Exercise 36

　A〜Hの8選手により図のようなテニスのトーナメント戦が行われた。その結果をみると、7試合のうちいずれか2試合の勝者は、対戦相手に比べて表に示したランクが下位の選手であり、残りの試合の勝者は上位の選手であったことが分かった。このとき、優勝した可能性のある選手をすべて挙げているのはどれか。

刑務官 2004

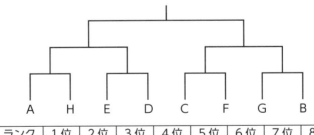

ランク	1位	2位	3位	4位	5位	6位	7位	8位
選手	A	B	C	D	E	F	G	H

1. A，B
2. A，C，D
3. A，B，C，D
4. A，B，E，F
5. A，C，D，G，H

116

1回戦4試合を左から①～④、同様に2回戦2試合を⑤, ⑥、決勝戦を⑦とします。

　仮にすべての試合でランクが上位の選手が勝つと図のような結果になりますね。

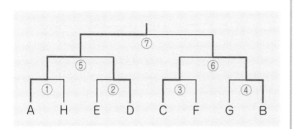

　では、2試合だけ「上位＜下位」に変えることで優勝できる選手の可能性を考えましょう。

　まずAはランク1位で、図の状態で優勝なわけですから、Aに関係のない②, ③, ④, ⑥のいずれか2試合を「上位＜下位」にしても、優勝に影響はありません。

　Bについては、⑦の決勝戦を「A＜B」に、あとはA, Bに影響のない②か③を「上位＜下位」にして、優勝の可能性はあります。

　Cについては、⑥, ⑦を「C＞B」「A＜C」にして、優勝は可能ですね。

　またDについても、⑤, ⑦を「A＜D」「D＞B」にして、優勝は可能です。

　残る下位の4人ですが、1回戦～決勝戦のすべてで自分より上位の選手と対戦するので、3回の対戦すべてをひっくり返さないと優勝は不可能です。

　よって、優勝の可能性は上位の4人のみにあることがわかり、正解は肢3ですね。

正解 ③

Aはすべての選択肢にあるので、検討の必要はないけどね。

ここで選択肢を斬る！

肢1, 3, 4に絞られたね！

ここで選択肢を斬る！

ここで、肢3に決まり！

A〜Hの8チームが、次の図のようなトーナメント戦でサッカーの試合を行った。今、次のア〜カのことが分かっているとき、優勝したチームはどれか。ただし、引き分けた試合はなかった。　　　　　　　　　　　　　　特別区Ⅲ類 2021

ア　優勝チームの3試合の得点の合計は、失点の合計よりも5点多かった。

イ　AはCに3対1で勝った。

ウ　BはDと対戦しなかった。

エ　Dは2回戦に6対2で勝った。

オ　EはFに5対0で勝った。

カ　HはBに4対2で負けた。

1.　A

2.　B

3.　D

4.　E

5.　G

　条件イ，エ，オ，カより、<u>A，D，E，Bは少なくとも1回は勝っています</u>ので、1回戦を勝ち上がっており、残るC，F，G，Hは1回戦敗退とわかります。

　また、条件エより、Dは2回戦で勝って決勝戦に進んでいますが、2回戦での「得点－失点」の値（以下「得失点差」とします）は、6－2＝4（点）あり、<u>1，2回戦だけで得失点差は＋5以上となる</u>ことがわかります。

　そうすると、条件アより、優勝チームの得失点差は決勝戦までで＋5ですから、Dは優勝チームではなく準優勝となります。

　また、条件オより、Eも1試合で得失点差が＋5なので、優勝チームではなく、条件ウより、準優勝の

この4チームがベスト4だね。

1回戦も勝っているので、得失点差は＋1以上あるからね。

Dと対戦していないBも、優勝チームではありません
ね。

　よって、優勝チームはAとわかり、正解は肢1で
すね。

　ということで、答えは出ましたが、対戦の組合せな
どもわかるところまで確認しましょう。

　図1のように、決勝戦に進出したAとDを左右の
ブロックにそれぞれ記入します。条件イより、Aの1
回戦の相手はCで、結果は3－1ですね。

ここで
選択肢を斬る！

本番は、ここでやめよう！

ちょっと補足

1回戦敗退のC，F，G，Hと
の対戦は、1回戦だからね。

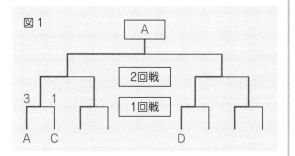

図1

	A	
	2回戦	
	1回戦	

3　1
A　C　　　　　　D

　また、A，Dの2回戦の相手は、1回戦を勝ち上がっ
たB，Eのいずれかですが、条件ウより、Dの相手は
BではなくEで、Aの相手がBとなり、条件オ、カよ
り、BとEの1回戦の相手はそれぞれHとFですから、
Dの1回戦の相手はGとわかります。

　さらに、条件からわかる得点の情報を記入して図2
を得ます。

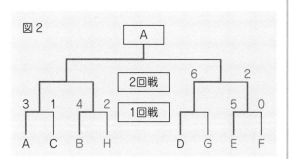

図2

	A	
	2回戦	6　　2
	1回戦	5　　0

3　1　4　2
A　C　B　H　　　D　G　E　F

　よって、正解は肢1です。

正解①

　A～Fの六つのチームが、サッカーの試合をそれぞれ2試合ずつ全部で6試合行い、順位をつけた。順位は勝率が高い順とし、勝率が同じチームがあった場合には、そのチームどうしが直接対戦した試合における勝者を、上の順位とすることとした。

　試合は、最初にAとBが対戦し、その勝者はCと、敗者はDとそれぞれ対戦した。次にEとFが対戦し、その勝者はDと、敗者はCとそれぞれ対戦した。その結果は次のとおりであった。

ア　AはCに負けた。
イ　BはDに勝った。
ウ　CはEに勝った。
エ　FはDに負けた。

以上から判断して、正しいのはどれか。ただし、同じ順位のチームはなかった。

東京都Ⅲ類 2018

1．Aは3位であった。
2．Bは5位であった。
3．Dは4位であった。
4．Eは2位であった。
5．Fは6位であった。

　条件ア，イより、AはCと、BはDと対戦していますので、AB戦の勝者はAとわかります。同様に、条件ウ，エより、EF戦の勝者はFとわかりますね。
　これより、条件からわかる各試合の勝敗の様子を図に表すと、次のようになります。

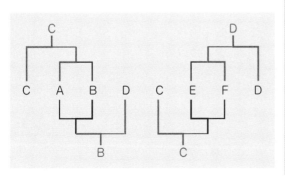

そうすると、各チームの勝敗数は以下のようになります。

A ⇒ Bに勝ち、Cに負け、1勝1敗
B ⇒ Aに負け、Dに勝ち、1勝1敗
C ⇒ Aに勝ち、Eに勝ち、2勝0敗
D ⇒ Bに負け、Fに勝ち、1勝1敗
E ⇒ Fに負け、Cに負け、0勝2敗
F ⇒ Eに勝ち、Dに負け、1勝1敗

 ——— 条件から、この情報さえ整理できれば、図は描かなくてもいいかな。

順位については、2勝0敗（勝率10割）のCが1位、0勝2敗（勝率0）のEの6位は確定です。

あとの4チームはいずれも1勝1敗（勝率5割）ですから、条件より、直接対戦の勝者から並べると、次のようにわかります。

A ＞ B ＞ D ＞ F

これより、順位は次のようになります。

1位	2位	3位	4位	5位	6位
C	A	B	D	F	E

よって、正解は肢3です。

 正解③

A～Fの6人が、総当たり戦で柔道の試合を行ったところ、Aが3勝2敗、Bが1勝4敗の成績であった。引き分けがないとき、C～Fの成績としてあり得るのはどれか。 **特別区Ⅲ類 2004**

1．Cは全勝で、残る3人は2勝3敗であった。
2．DとEは、全勝であった。
3．Eは全敗で、残る3人は4勝1敗であった。
4．Fは全敗で、残る3人の勝敗数は同じであった。
5．CとDは同じ勝敗数で、EとFも同じ勝敗数であった。

6人のリーグ戦ですから、Exercise33で計算したように、総試合数は15試合で、引き分けがないので6人の勝敗数の合計も15勝15敗になります。

条件よりAとBで4勝6敗ですので、残る4人で11勝9敗です。

これをもとに、試合数を満たすかを選択肢ごとに検討しましょう。

肢1 Cが5勝0敗で残る3人で6勝9敗ですから、合計11勝9敗で、<u>とりあえず試合数に関しては可能</u>となります。

肢2 DとEも対戦しており、どちらかは負けていますので、両方が全勝はあり得ません。

肢3 Eと残る3人で12勝になり、試合数を満たしません。

肢4 11は3で割り切れませんので、3人の勝敗数が同じということはあり得ません。

肢5 CとD、EとFの勝数の合計はそれぞれ偶数ですから、<u>4人の勝数の合計も偶数で、11勝になることはあり得ません。</u>

よって、正解は肢1です。参考までに可能な勝敗表の一例を挙げておきます。

ちょっと補足

実際に勝敗表を作成して確認しないと、本当にあり得るかは確認できないけど、試合数ではセーフ！
とりあえず生き残るってことね。

ナットクいかない方はこちら

CとDがそれぞれ m 勝、EとFがそれぞれ n 勝とすると、4人の勝数の合計は、$2m + 2n = 2(m + n)$ で、2の倍数だよね。

	A	B	C	D	E	F
A		○	×	○	○	×
B	×		×	○	×	×
C	○	○		○	○	○
D	×	×	×		○	○
E	×	○	×	×		○
F	○	○	×	×	×	

ちょっと補足

これ以外にも、成立例はもちろんあるよ。単に一例なので誤解のないように！

正解 ①

Exercise 39

　A～Dの四つのサッカーチームが、決勝に進出するチームを決めるために予選を行った。この予選では総当たり戦を1回行い、各チームとも3試合戦った。各試合の結果に対し、勝敗がついた場合は勝ちチームのみに3点、引き分けた場合は両チームに1点の勝ち点が与えられる。

　予選の順位は、勝ち点の合計が大きい方から1位，2位とするが、勝ち点の合計が同じ場合は得失点差（3試合の総得点から総失点を引いた差）が大きい方を上位とし、上位の2チームが予選を通過する。予選の結果について次のことが分かっているとき、確実にいえるのはどれか。　　　　出典 海上保安大学校等 2013

　ア　引き分けの試合数は2であった。
　イ　Bは3位のチームと勝ち点の合計が同じであったが、得失点差で上回ったため予選を通過できた。
　ウ　Cは最下位となったが、Dには勝ち、得失点差もDより大きかった。

1．AとBの試合ではAが勝った。
2．Aの勝ち点の合計とCの勝ち点の合計の差は2点であった。
3．Cが1位のチームと引き分けたとしても予選通過はできなかった。
4．Dの勝ち点の合計は5点であった。
5．1位のチームは少なくとも2勝した。

4チームのリーグ戦ですから、試合数は次のように
なります。

$$\frac{4 \times 3}{2} = 6（試合）$$

条件アより、6試合のうち2試合が引き分けですか
ら、勝敗がついた試合は4試合ですね。そうすると、
全試合で与えられた勝ち点の合計は次のようになりま
す。

勝敗がついた4試合
　　勝チームのみ3点　⇒　3 × 4 = 12点
引き分けた2試合
　　各チームに1点　⇒　2 × 2 = 4点
合計　⇒　12 + 4 = 16点

条件ウより、Cは最下位ですが、Dに勝っています
ので、ここで勝ち点3を得ています。そうすると、
条件イより、2位のBと3位のチームの勝ち点は同じ
ですが、3点以上となりますね。

しかし、2，3，4位の3チームがいずれも勝ち点
3の場合、3チームはいずれも1勝2敗となり、これ
では引き分けの試合がありません。

一応、確認しておこう！

従って、2，3位のチームの勝ち点は4点以上とな
りますが、5点以上だと、2～4位の3チームで、5
+ 5 + 3 = 13（点）以上になり、合計16点ですか
ら、1位のチームが3点以下になり、これはあり得ま
せん。

残る1チームの引き分け
の相手がいないでしょ!?

よって、2，3位のチームは4点、4位のCは3点
に決まりますね。

これより、Cは1勝2敗で、D以外に負けており、
Bと3位の2チームは1勝1敗1分けとわかり、こ
れを勝敗表に整理すると、表1のようになります。

3試合で4点になるのは、
1勝の3点と1引き分け
の1点の組合せしかない
よね。

124

表1

	A	B	C	D	(勝，敗，分)
A			○		
B			○		(1，1，1)
C	×	×		○	(1，2，0)
D			×		

　ここで、1位のチームを考えると、AまたはDのいずれかですが、勝ち点は 16 －（4 ＋ 4 ＋ 3）＝ 5（点）ですから、1勝0敗2分けとわかります。すなわち、どのチームにも負けていませんので、Dではなく Aとなり、Aは、B , Dと引き分けたとわかります。

DはCに負けてるからね。

　そうすると、Dは3位で、Bに勝って1勝1敗1分けとなり、表2のようにわかります。

表2

	A	B	C	D	(勝，敗，分)
A		△	○	△	(1，0，2)
B	△		○	×	(1，1，1)
C	×	×		○	(1，2，0)
D	△	○	×		(1，1，1)

　これより、選択肢を検討します。

肢1　AB戦は引き分けです。

肢2　Aは5点、Cは3点で、確実にいえます。

肢3　CがAと引き分けると、Cの勝ち点は4点で、条件ウより、Dより上位となります。また、Aは勝ち点3点で最下位となりますから、BとCが予選通過となります。

肢4　Dは4点です。

肢5　1位のAは1勝のみです。

正解②

　ある地区でバレーボール大会がトーナメント方式で行われ、19チームが参加した。この19チームのうち、いくつかのチームは第2回戦から試合を行い、残りのチームは第1回戦から試合を行うこととした。このとき、第2回戦以降の試合数はいくつか。

　ただし、試合の免除は、第1回戦だけに行われるものとする。

出題▶刑務官 2015

1. 7
2. 9
3. 10
4. 13
5. 15

　試合の免除が行われないための参加チーム数を考えると、次のように、2回戦まで行うなら4チームですが、3回戦まで行うなら、2倍の8チームとなります。

「不戦勝」とか「シード」とかいうやつね。

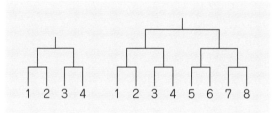

　同様に、4回戦まで行うなら、さらに2倍の16チーム、5回戦まで行うなら32チームというように、1回戦増やすごとに2倍になることがわかります。

　すなわち、2，4，8，16，32，…という、2の累乗の数のチーム数であれば、試合の免除を行う必要はありませんが、それ以外のチーム数の場合は、必ずどこかのチームの試合が免除されることになります。

　そうすると、本問の場合、19チームのうちのいくつかを1回戦で敗退させ、2回戦以降は試合の免除を行わないチーム数にすればいいわけですから、最も近い数で、16チームに持ち込むために、1回戦で3チームを敗退させることになります。

ちょっと補足

右側の図の8チームの下に、さらに2チームずつってことだよ！

ちょっと補足

1回戦で6チームが戦って3チームが勝ち抜け、残る13チームは1回戦を免除されて2回戦から参加ってことだね。

これより、2回戦には 16 チームが参加し、これ以降の試合数は、優勝チームを除く 15 チームが、1 試合で 1 チームずつ敗退するので、全部で 15 試合行うことになります。

　よって、正解は肢 5 です。

正解(5)

論理 ➡ 論理式とベン図を使え!

重要度

★与えられた命題から論理的な推理、判断を行う問題で、「論理式」を用いて解く問題がほとんどです。

★出題頻度はやや高めです。基本的な問題が多いので得点源になるでしょう。

パターン 19

ある旅行同好会のメンバーの意見を聞いて、次のア～エのことが成り立ったとき、確実にいえるものとして、最も妥当なのはどれか。 **警視庁Ⅲ類 2021**

ア　温泉が好きな人は、山が好きである。
イ　釣りが好きではない人は、山が好きではない。
ウ　スキーが好きではない人は、温泉が好きではない。
エ　スキーが好きな人は、冬が好きである。

1．釣りが好きではない人は、山も温泉も好きではない。
2．山が好きな人は、温泉が好きである。
3．冬が好きな人は、スキーが好きである。
4．スキーか釣りが好きな人は、温泉が好きである。
5．スキーが好きではない人は、釣りが好きではない。

　正しいか誤りか（真・偽）の判断が可能な文章や式を「命題」といい、条件ア～エのような文章も命題です。

　そしてこのような「PならばQである」という形の命題は「P→Q」と式に表すことで、わかりやすくまとめることができ、これを「論理式」といいます。

　「Pでない」のような否定の場合は、「P̄」のように表し、上につけた記号を「バー」と読みます。ちなみに、「Pの否定」は「P̄」ですが、「P̄の否定」は「P」となります。

　また、「P→Q」に対して、左右を入れ替えてそれ

ちょっと補足

たとえば、「10万円は高額だ」の真・偽は判断できないけど、「10万円は5万円より高額だ」なら、明らかに「真」だよね。こういうのが「命題」なんだけど、問題の条件文では、気にしなくていいからね。

「『Pでない』ではない」つまり、「Pである」になるんだよ!

それを否定した「$\overline{Q} \to \overline{P}$」をこの命題の「対偶」といい、これはもとの命題と同じ意味（同値）になります。

たとえば、「雪は白い」の対偶は「白くなければ雪ではない」で同じ意味でしょ！

ですから、同じ内容のまま命題の形を変えたいときは、対偶を作ればいいですね。

これより、条件ア〜エを論理式で表すと、図1のようになりますね。

図1

ア　温　→　山
イ　釣　→　$\overline{山}$
ウ　$\overline{ス}$　→　温
エ　ス　→　冬

One Point Advice

内容がわかる程度に省略して、時間を節約しよう！

さらに、条件イ，ウについて、図2のように、対偶を作って形を肯定形にそろえます。

図2

イ　$\overline{釣}$　→　$\overline{山}$　＝　山　→　釣
ウ　$\overline{ス}$　→　温　＝　$\overline{温}$　→　ス

ここで、共通するものについてまとめると、図3のようになることがわかります。

ここがポイント！

図3

温　→　山　→　釣
↓
ス　→　冬

これより、たとえば、「温泉が好きな人は山が好き、山が好きな人は釣りが好き」であれば、「温泉が好きな人は釣りが好き」であることがいえるように、矢印がつながりさえすれば、論理的に正しくいえることがわかるでしょう。

では、ここから選択肢を検討しますが、選択肢の命題には否定形のものもありますね。このような場合は、選択肢の命題の対偶を作ってもいいですが、ここ

ちょっと補足

「P→Q」
「Q→R」
ゆえに「P→R」が導けるね！
これを「三段論法」というんだ。

は図3の対偶を考えてみます。左右を入れ替えたりするのは大変ですから、図4のように、<u>矢印を逆にしてすべて否定</u>すれば、図3丸ごとの対偶ができあがります。

図4

$$温 \leftarrow 山 \leftarrow 釣$$
$$\uparrow$$
$$ス \leftarrow 冬$$

ちょっと補足

矢印を逆にするのは、左右を入れ替えるのと同じこと。
要するに、対偶は「全部反対にする」と覚えればいいね！

ワンポイントアドバイス
One Point Advice

図4はわざわざ書かなくても、図3から頭の中で作れるようにしよう！

それでは、図3，4から選択肢を検討しましょう。

肢1 言い換えると、「釣りが好きでない人は山が好きでない、さらに、釣りが好きでない人は温泉も好きでない」ということで、論理式にすると、「釣→山」さらに「釣→温」となり、いずれも図4から導くことができますね。

よって、本肢は確実にいえます。

肢2 論理式にすると「山→温」となりますが、これは導けません。

肢3 同様に、「冬→ス」となりますが、これも導けません。

肢4 肢1と同様に、「ス→温」さらに「釣→温」となりますが、いずれも導くことはできません。

肢5 論理式にすると、「ス→釣」となりますが、これも導けません。

正解①

Exercise 41

ある学校の生徒について次のア〜オのことがわかっているとすると、確実にいえるものはどれか。

出典 警視庁Ⅲ類 2004

ア　国語が好きな者は算数が好きである。
イ　体育が好きではない者は社会が好きではない。
ウ　社会が好きではない者は音楽が好きではない。
エ　理科が好きではない者は算数が好きではない。
オ　国語が好きな者は体育が好きである。

1．社会が好きな者は国語が好きではない。
2．理科が好きな者は体育が好きである。
3．音楽が好きな者は算数が好きである。
4．国語が好きな者は理科が好きである。
5．算数が好きな者は体育が好きである。

条件ア〜オを論理式に表すと、図1のようになりますね。

図1

ア	国	→	算
イ	$\overline{体}$	→	$\overline{社}$
ウ	$\overline{社}$	→	$\overline{音}$
エ	$\overline{理}$	→	$\overline{算}$
オ	国	→	体

ワンポイントアドバイス
One Point Advice

条件を一度、論理式に表さなくても、直接まとめていければ、そのほうが速いよ！

さらに、条件イ〜エについては対偶を作って、形を肯定形にそろえましょう（図2）。

図2

イ	社	→	体
ウ	音	→	社
エ	算	→	理

ここで、共通の教科についてまとめると、図3のようになることがわかりますね。

図3

$$国 → 算 → 理$$
$$↓$$
$$体 ← 社 ← 音$$

　これより選択肢を検討すると、肢4の「国→理」が確実にいえることがわかり、これが正解ですね。

正解 ④

Exercise 42

　次のことから論理的に確実にいえるのはどれか。

海上保安学校(特別) 2018

　　ア　人として守るべきものは人間の本質である。
　　イ　普遍的な規範は人として守るべきものである。
　　ウ　普遍的な規範でないものは倫理でない。

1．人として守るべきものでないものは人間の本質でない。
2．普遍的な規範は全て倫理であり、倫理は人として守るべきものである。
3．倫理は人として守るべきものであり、同時に人間の本質である。
4．人として守るべきものは全て普遍的な規範であり、同時に人間の本質である。
5．人間の本質でないものは全て倫理でなく、倫理でないものは普遍的な規範でない。

条件ア～ウを論理式で表します。

$$ア　守る → 本質$$
$$イ　普遍 → 守る$$
$$ウ　\overline{普遍} → \overline{倫理}$$

さらに、条件ウの対偶を作ります。

$$倫理 → 普遍$$

ちょっと補足

「人として守るべきもの」＝「守る」
「人間の本質」＝「本質」
「普遍的な規範」＝「普遍」
と略すよ。こういうときは、自分でわかるように表現すればOK！

これらをまとめて、次のようになります。

倫理 → 普遍 → 守る → 本質

これより、選択肢を検討しますが、文章がやや複雑なので、それぞれ確認しますね。

肢1 論理式にすると、「守る→$\overline{本質}$」で、対偶は「本質→$\overline{守る}$」ですが、これは導けません。

肢2 「普遍→倫理」「倫理→守る」となり、後者は導けますが、前者は導けません。

肢3 「倫理→守る」「倫理→本質」となり、いずれも導けますので、本肢は確実にいえます。

肢4 「守る→普遍」「守る→本質」となり、後者は導けますが、前者は導けません。

肢5 「$\overline{本質}$→$\overline{倫理}$」「$\overline{倫理}$→$\overline{普遍}$」となり、対偶は「倫理→本質」「普遍→倫理」で、前者は導けますが、後者は導けません。

正解 ③

次のア，イ，ウから、エが論理的に導き出されるとき、 [　　　　] に入る文として最も妥当なのは、次のうちではどれか。 入国警備官等 2015

ア　歴史が好きな人は、英語が好きでない。
イ　[　　　　　　　　　　　　　　　　　　　]
ウ　運動が好きでない人は、音楽が好きである。
↓
エ　英語が好きな人は、運動が好きである。

1．運動が好きな人は、英語が好きである。
2．運動が好きな人は、歴史が好きでない。
3．音楽が好きでない人は、英語が好きでない。
4．歴史が好きな人は、運動が好きでない。
5．歴史が好きでない人は、音楽が好きでない。

与えられた条件ア，ウ，エをそれぞれ論理式にします。

$$ア\quad 歴 \rightarrow \overline{英}$$
$$ウ\quad \overline{運} \rightarrow 音$$
$$エ\quad 英 \rightarrow 運$$

本問の目的は、命題エを導くこと、すなわち、「英」から「運」に矢印をつなげることですから、まず、命題アとウの「英」「運」からバーをとるために対偶を作ります。

$$ア\quad 英 \rightarrow \overline{歴} \qquad ウ\quad \overline{音} \rightarrow 運$$

ここで、選択肢を確認すると、肢5の「歴→音」を加えると、次のように論理式がつながり、「英→運」が導けます。

$$英 \rightarrow \overline{歴} \rightarrow \overline{音} \rightarrow 運$$

ちょっと補足

肢5の対偶「音→歴」をアとウに加えて、
「運→音→歴→英」
とすると、エの対偶「運→英」
を導けるよね。

よって、正解は肢5です。

正解 ⑤

パターン 20

　ある国の経済について次のア，イ，ウの命題が真であるとき、確実にいえるのはどれか。　　　🖊 海上保安大学校等 2004

- ア　為替レートが上昇すれば、経常収支は赤字になり、かつ、国内物価は下降する。
- イ　公定歩合が引き上げられると国内物価は上昇する。
- ウ　国内物価が上昇すれば国債の金利は上昇する。

1. 為替レートが上昇すれば公定歩合は引き上げられている。
2. 経常収支が黒字になれば国債の金利は下降する。
3. 国内物価が上昇すれば経常収支は赤字になる。
4. 為替レートが下降すれば国債の金利は下降する。
5. 国債の金利が下降しているならば公定歩合は引き上げられていない。

　本問では、「赤字」と「黒字」、「上昇」と「下降」、をそれぞれ互いの否定として論理式に表していきましょう。

　条件アは「為替レートが上昇すれば経常利益は赤字になる」「為替レートが上昇すれば国内物価は下降する」という2つの命題に分けて式にしましょう。

　それぞれ次のようになりますね。

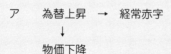

```
ア    為替上昇  →  経常赤字
          ↓
      物価下降

イ    公定引上  →  物価上昇

ウ    物価上昇  →  金利上昇
```

ちょっと補足

「AならばBかつC」
　　⇔「A→B」「A→C」
「AまたはBならばC」
　　⇔「A→C」「B→C」
とそれぞれ分けられるね。
これを、命題の分解というんだ！

イとウの対偶を作ります。次のようになりますね。

　　イ　　物価下降　→　公定引上

　　ウ　　金利下降　→　物価下降

これより、次のようにまとめられます。

　　　　　　為替上昇　→　経常赤字
　　　　　　　　　　↓
　　金利下降　→　物価下降　→　公定引上

　これより、「金利下降→公定引上」が導け、正解は
肢5です。

正解 ⑤

Exercise 44

　あるコンビニエンス・ストアの客の購入行動について、次のことが分かっているとき、論理的に確実にいえるのはどれか。　　　　　　　　　　刑務官 2017

　　ア　弁当を買った客は、コーヒーも買った。
　　イ　コーヒーを買った客は、ガムを買わなかった。
　　ウ　ガムを買った客は、パンを買わず、お茶も買わなかった。
　　エ　弁当を買わなかった客は、パンもおにぎりも買わなかった。

1．ガムを買った客は、おにぎりを買わなかった。
2．コーヒーを買った客は、お茶を買わなかった。
3．おにぎりを買った客は、弁当を買わなかった。
4．弁当を買った客は、パンも買った。
5．お茶を買った客は、コーヒーも買った。

　本問も、条件ウとエは命題を分解して論理式に表します。

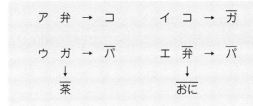

ア 弁 → コ　　イ コ → 方̄

ウ ガ → パ̄　　エ 弁̄ → パ̄
　　↓　　　　　　↓
　　茶　　　　　おに

条件ウとエには「パ̄」が共通していますので、ここでつなげることができます。そうすると、条件ア、イは対偶を作って「コ̄→弁̄」「ガ→コ」とし、まとめると次のようになります。

コ̄ → 弁̄ → おに
↑　　 ↓
ガ → パ̄
↓
茶̄

ここから、「ガ→おに」が導けますので、正解は肢1です。

正解①

ちょっと補足

もちろん、ウとエの対偶を作って、アとイにつなげてもOK！どっちがラクかということと、こんなふうに否定だらけなのがイヤなら、肯定が多くなるほうを選ぶってこともアリかな！

> ある海草の研究者が、ある海域から採取された海草を調べた結果、「この海草は物質Bを含み、かつ、物質Cを含まないから、海域Aから採取されたものである。」と発言した。この研究者の発言が論理的に正しいものであるために必要な前提として最も妥当なのは次のうちではどれか。 🏛海上保安大学校等 2018
>
> 1. 海域Aから採取される海草は、物質Bを含み、かつ、物質Cを含まない。
> 2. 海域A以外から採取される海草は、物質Bを含まない、又は、物質Cを含む。
> 3. 物質Bを含み、かつ、物質Cを含まない海草が、海域Aから採取される。
> 4. 物質Bを含まない、又は、物質Cを含む海草が、海域A以外から採取される。
> 5. 物質Bを含まない、又は、物質Cを含む海草は、海域Aから採取されない。

研究者の発言を簡単に表すと、「Bかつ$\overline{C}$ならばAである」となりますが、この命題は分解できませんね。

ここからは、「かつ」「または」を、論理学で一般に使われる、次の記号で表します。

かつ ⇒ ∧ 　　　 または ⇒ ∨

そうすると、この発言は「B∧$\overline{C}$→A」となり、これが論理的に正しいことをいうためには、これと同義の命題、つまり、対偶を考えるくらいしかありませんね。なので、対偶を作るわけですが、ここで問題なのが「B∧$\overline{C}$」の否定の作り方です。

これより、必要な知識として、「ド・モルガンの法則」を説明します。一般に「P∧Q」や「P∨Q」を否定するときの法則ですので、まず、これを覚えてください。

PやQに該当するものの集合を次のような図（「ベン図」といいます）で表します。

「P∧Q」は図1の色のついた部分、「P∨Q」は図2の色のついた部分の領域で表されることになりますね。

ちょっと補足

「Bまたは$\overline{C}$ならばAである」であれば、「B」か「$\overline{C}$」のどちらか片方を満たせば必ず「A」なので、「B→A」「$\overline{C}$→A」と分解できるけど、「Bかつ$\overline{C}$」はどちらか片方じゃダメだから、分解はできないんだ。

選択肢にあるどれかから導くわけだからね。

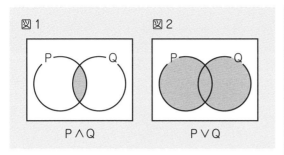

図1　P∧Q　　　図2　P∨Q

　そうすると、これらの否定はそれぞれ色のついた部分以外のすべての領域になりますので、図3，4のグレーの部分になります。

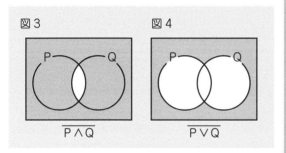

図3　$\overline{P∧Q}$　　　図4　$\overline{P∨Q}$

　ここで、図3の領域を見ると、PまたはQの少なくとも一方が欠けている領域を示していますので、「$\overline{P}∨\overline{Q}$」と表すことができ、図4の領域はPとQの両方が欠けている領域ですから、「$\overline{P}∧\overline{Q}$」と表せることがわかり、これより側注の「ド・モルガンの法則」が導けることがわかりますね。

　では、この法則を使って、与えられた「B∧$\overline{C}$」を否定してみましょう。次のようになりますね。

$$「B∧\overline{C}」の否定 = \overline{「B∧\overline{C}」} = 「\overline{B}∨C」$$
$$↑$$
$$ド・モルガンの法則$$

　これより、「B∧$\overline{C}$→A」の対偶は「$\overline{A}$→$\overline{B}$∨C」となり、文章にすると「海域Aでないならば、物質Bを含まない、または物質Cを含む」となります。これ

法　則

ド・モルガンの法則
$$\overline{P∧Q} = \overline{P}∨\overline{Q}$$
$$\overline{P∨Q} = \overline{P}∧\overline{Q}$$

ナットクいかない方はこちら

次の図で、Aは「Qが欠けている」、Bは「Pが欠けている」、Cは「PもQも欠けている」のがわかるね。

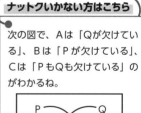

ちょっと補足

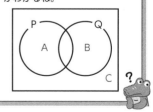

$\overline{C}$の否定はCだからね。

より、選択肢を確認すると、これと同じ内容の文章が
肢2にあるのがわかりますね。

　よって、肢2の前提があれば、この研究者の発言
が論理的に正しいことになり、正解は肢2です。

正解②

Exercise 45

本店の所在場所がX県にある全ての会社について調査したところ、従業員数が
50人以上の会社は、X県外に支店があり、かつ、業種が製造業であることが分かっ
た。このとき、論理的に確実にいえるのはどれか。　　入国警備官等 2018

1．X県外に支店がある会社は、業種が製造業である。
2．X県外に支店があり、業種が製造業である会社は、従業員数が50人以上であ
　　る。
3．X県外に支店はあるが、業種が製造業ではない会社は、従業員数が50人未満
　　である。
4．X県外に支店がなく、業種も製造業ではないが、従業員数が50人以上の会社
　　がある。
5．従業員数が50人未満の会社は、X県外に支店がなく、業種も製造業ではない。

　調査からわかったことを論理式に表すと、次のよう
になります。

50人以上　→　県外支店 ∧ 製造業

ここからわかることを導くために、対偶を作ります。

$\overline{県外支店 ∧ 製造業}$　→　$\overline{50人以上}$

　さらに、ド・モルガンの法則を使って、左側を書き
換えます。右側の「50人以上」の否定は「50人未
満」としておきましょう。

$\overline{県外支店}$ ∨ $\overline{製造業}$　→　50人未満

ここで、選択肢から同様の内容を探しますが、残念ながらありませんね。それでも、肢3は右側が「50人未満である」と一致していますので、左側について考えると、「X県外に支店はあるが、業種が製造業ではない会社」は、次の図の色のついたの部分で、これは、「県外支店 ∨ 製造業」の一部とわかります。

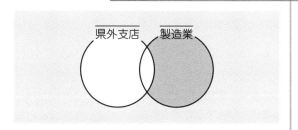

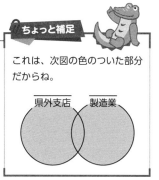

ちょっと補足

これは、次図の色のついた部分だからね。

　よって、肢3の内容は確実にいえることがわかり、これが正解ですね。

正解 ③

あるクラスの生徒に対して、日本史，世界史，古文，生物の各科目について好きかどうかを調べたところ以下のとおりであった。これらのことから確実にいえるのはどれか。　📖 入国警備官等 2005

　　ア　世界史が好きな者は、全員、生物が好きである。
　　イ　古文が好きな者の中には、世界史が好きな者がいる。
　　ウ　日本史が好きな者は、全員、古文が好きである。

1.　日本史が好きな者は、全員、生物が好きである。
2.　世界史が好きな者は、全員、日本史が好きである。
3.　古文及び世界史が好きな者は、全員、生物が好きである。
4.　生物及び古文が好きな者は、全員、日本史が好きである。
5.　古文が好きでない者は、全員、生物が好きではない。

　条件アとウは論理式で表せる命題ですが、条件イは論理式にはできませんね。このような命題は「ベン図」に表すことで、わかりやすく整理することができます。

— パターン 21 の解説にも出てきたね。

　古文と世界史それぞれを好きな者の集合を図にすると、図1の色のついた部分に該当する者が存在することが条件イからわかります。

— こういうのを「存在命題」というんだ。

図1

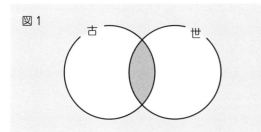

ちょっと補足

次の論理式は、ベン図にするとこのような表し方になるね。

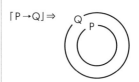

「P→Q」⇒

　また、条件アは、世界史が好きな者は生物が好きな者の集合にすべて含まれ、条件ウは、日本史が好きな者は古文が好きな者の集合にすべて含まれることになり、それぞれ図2，3のように表すことができます。

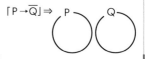

「P→$\overline{Q}$」⇒

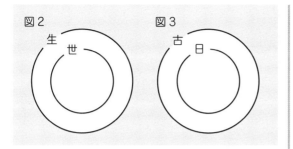

図2　図3

　ここでまず、図2を図1に加えますが、生物の集合は古文の集合まで包んではいけませんね。

　しかし、古文のみ好きな（世界史を好きではない）者の中にも、生物が好きな者もいる可能性がありますので、図4のように、p，qそれぞれの領域をとるように描いてください。

ちょっと補足

古文と生物の関係は不明なので、可能性のある領域は確保しておこう！　ただし、そこに存在する者が確実にいるわけではないので注意してね！

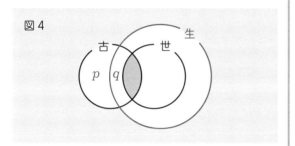

図4

　さらに、図3を加えますが、ここも日本史が好きな者の中に、生物や世界史も好きな者もいる可能性がありますので、図5のようにそれぞれの領域をとっておきましょう。

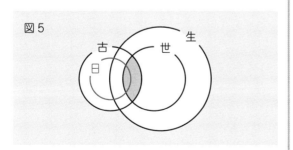

図5

　これより選択肢を検討しますが、図5の中で色のついた部分には少なくとも1人は該当者がいますが、

条件イで「いる」といわれたところだからね！

その他の領域には確実に該当者がいるわけではありませんので、気をつけてくださいね。

肢1 日本史を好きな者の中に、生物を好きでない者が、図6の *a* の領域にいる可能性があります。よって、確実にはいえませんね。

例外の可能性があれば、確実とはいえないからね。

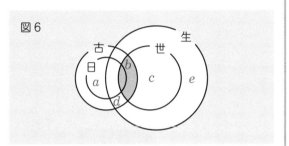

図6

肢2 世界史が好きな者の中に、日本史が好きでない者が、図6の *b* や *c* の領域にいる可能性がありますね。

肢3 古文と世界史の両方を好きな者はすべて、生物が好きな者の領域に含まれています。本肢は確実にいえますね。

肢4 生物と古文の両方を好きな者の中に、日本史が好きでない者が、図6の *b* や *d* の領域にいる可能性がありますね。

肢5 古文が好きでない者の中に、生物が好きな者が、図6の *c* や *e* の領域にいる可能性があります。

正解 ③

ある職場の4つのお菓子の好みについて、次のア〜エのことが分かっていると き、確実にいえるのはどれか。　　　　　　　　　　　　　　図 特別区Ⅲ類 2017

> ア　チョコレートが好きな人の中には、クッキーが好きな人もいる。
> イ　クッキーが好きな人の中には、せんべいが好きな人もいる。
> ウ　せんべいが好きな人は、チョコレートが好きではない。
> エ　クッキーが好きな人は、あめが好きである。

1．クッキーが好きな人は、せんべいが好きである。
2．クッキーが好きな人は、チョコレートが好きである。
3．あめが好きな人は、4つのお菓子がいずれも好きである。
4．あめだけが好きな人もいる。
5．せんべいが好きな人の中には、あめが好きな人もいる。

　条件ウ，エは論理式に表せますが、条件ア，イは存 在命題ですから、ベン図に表しましょう。
　それぞれの条件は、図1のようになります。

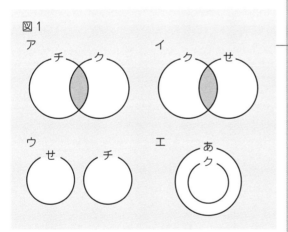

図1

ワンポイントアドバイス
One Point Advice

存在命題が「いる」っていって るところは、必ずしるし（斜線 を引くなど）をつけよう！
他の領域は、該当者が必ず存在 するところではないからね。

　まず、条件ウより、せんべいとチョコレートは離れ ていますので、条件ア，イ，ウをまとめると、図2 のようになります。

図2

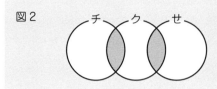

　あとは、ここに、あめを加えます。条件エより、あめはクッキーを包みますが、チョコレートやせんべいとの関係はわかりませんから、一部分を交わらせて、図3の p , q , u , v のような領域をとっておきましょう。

図3

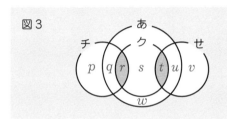

　図3において、確実に該当する人が存在するのは、r と t のみで、その他の領域には該当する人がいる可能性はありますが、いないかもしれません。
　これを踏まえて、選択肢を検討します。

肢1　図3の r に該当する人は、クッキーは好きですが、せんべいは好きではありませんので、誤りです。

肢2　同様に、t に該当する人がいますので、誤りです。

肢3　4つのお菓子がいずれも好きな人はいませんね。

肢4　図3の w に該当する人がいるかもしれませんが、いない可能性もあります。

肢5　図3の t に該当する人は存在しますので、あめとせんべいの両方が好きな人は確実にいます。よって、本肢は確実にいえます。

正解

あるクラスの生徒の食べ物の好みについて次のことが分かっているとき、論理的に確実にいえるのはどれか。　　　　　　📖海上保安学校（特別）2020

　ア　魚が好きではない生徒は全員、肉と野菜の両方が好きである。
　イ　肉が好きではない又は野菜が好きではない生徒は全員、魚が好きである。

1．魚と肉の両方が好きな生徒は全員、野菜も好きである。
2．肉と野菜の両方が好きな生徒は全員、魚も好きである。
3．魚，肉，野菜の全てが好きな生徒が、必ずいる。
4．魚，肉，野菜のうち一つだけが好きな生徒がいるとすると、それは必ず魚が
　　好きな生徒である。
5．魚，肉，野菜のうち二つだけが好きな生徒がいるとすると、それは必ず肉と
　　野菜の二つが好きな生徒である。

条件ア，イを論理式に表すと、次のようになります。

$$ア\quad \overline{魚}\ →\ 肉\ ∧\ 野$$
$$イ\quad \overline{肉}\ ∨\ \overline{野}\ →\ 魚$$

　ド・モルガンの法則より、アとイは互いの対偶であることがわかりますね。つまり、これらは1つの命題であり、この命題だけで選択肢を検討することになります。
　ところが、選択肢を見ると、この命題から導けるかを判断するにはちょっとやっかいな内容ばかりですね。
　ただ、命題にある項目は「魚」「肉」「野菜」の3つだけで、その「好き」「好きでない」の組合せはそれほど多くはありません。
　そうすると、命題を満たす組合せを全部書き上げてみれば、選択肢の判断が容易になりますので、その方法を試してみましょう。
　まず、魚が好きな生徒については、命題から肉や野菜が好きかどうか一切わかりませんので、表1の①～④のいずれも可能性があります。

ワンポイントアドバイス
One Point Advice

ちょっと強引な方法だけど、この方法が有効な問題も、近年ときどき出ているんだ。

表1

	魚	肉	野
①	○	○	○
②	○	○	×
③	○	×	○
④	○	×	×

「好き」が○、「好きでない」
が×だからね。

さらに、魚が好きでない生徒については、命題より、肉と野菜の両方が好きなので、表2の⑤のみとなります。

表2

	魚	肉	野
①	○	○	○
②	○	○	×
③	○	×	○
④	○	×	×
⑤	×	○	○

よって、このクラスの生徒は、表2の5通りのいずれかに該当することがわかり、ここから選択肢を検討します。

肢1 ②に該当する生徒がいる可能性がありますから、確実にはいえません。

肢2 ⑤に該当する生徒がいる可能性がありますから、確実にはいえません。

肢3 ①に該当する生徒がいる可能性はありますが、必ずいるかどうかはわかりません。

肢4 1つだけが好きな組合せは④のみですから、確実にいえます。

肢5 ②や③に該当する生徒がいる可能性がありますから、確実にはいえません。

正解 ④

148

Exercise 47

　ある会社が所有するA～Eの5機のドローンの運用について次のことが分かっているとき、AとBの状態に対応するEの状態の組合せとして最も妥当なのはどれか。

　なお、「飛」とはドローンが飛んでいる状態、「止」とはドローンが止まっている状態を指す。

海上保安学校（特別）2022

　ア　Cは、Aが止まっているときは飛んでおり、Aが飛んでいるときは止まっている。

　イ　Dは、Aが飛んでおりBが止まっているときだけ飛んでおり、他の場合は止まっている。

　ウ　Eは、CとDが共に止まっているときだけ止まっており、他の場合は飛んでいる。

	AもBも飛んでいる状態	Aが飛んでおりBが止まっている状態	Aが止まっておりBが飛んでいる状態	AもBも止まっている状態
1.	飛	飛	止	飛
2.	飛	飛	止	止
3.	止	飛	飛	飛
4.	止	止	飛	止
5.	止	飛	止	飛

　本問も、論理式に表すこともできそうですが、求める内容から考えて、条件を満たすドローンの状態の組合せを書き上げて調べたほうがわかりやすいですね。

　まず、Aが飛んでいる場合について、条件アより、Cは止まっており、条件イより、Bが止まっていればDは飛んでおり、Bが飛んでいればDは止まっています。

　さらに、条件ウより、CとDがともに止まっていればEは止まっており、他の場合はEは飛んでいます。

　また、BについてはどちらでもOKで、ここまでを表1のように表します。

表1

	A	B	C	D	E
①	○	○	×	×	×
②	○	×	×	○	○

　次に、Aが止まっている場合について、条件ア，イより、Cは飛んでおり、Dは止まっています。Bについてはどちらの場合もOKですね。

　また、条件ウより、Cが飛んでいますので、Eも飛んでおり、ここまでで表2を得ます。

表2

	A	B	C	D	E
①	○	○	×	×	×
②	○	×	×	○	○
③	×	○	○	×	○
④	×	×	○	×	○

以上より、正解は肢3となります。

正解 ③

MEMO

SECTION 07 真偽 ➡ 仮定を立てよ！

ガイダンス ✐

★主な条件は「発言」で、その中に「うその発言」が入っている問題です。一般に「うそつき問題」とも呼ばれるクイズのような問題ですね。

★出題頻度は、さほど高いほうではありません。

パターン 24

A～Hの8人がある懸賞に応募し、そのうちの1人が当選した。だれが当選したかについて聞いたところ、次のような返事が返ってきた。このとき、5人が本当のことをいい、3人がうそをついているとすると、確実にいえるのはどれか。

特別区Ⅲ類 2005

A 「Bです。」
B 「CかFです。」
C 「BかHです。」
D 「私です。」
E 「BかDではありません。」
F 「私ではありません。」
G 「BかFです。」
H 「Cのいっていることは本当です。」

1. Bが当選した。
2. Cが当選した。
3. Dが当選した。
4. Fが当選した。
5. Hが当選した。

懸賞に当選したのが誰かがわかれば、各人の発言の真偽もわかりますので、誰が当選したか仮定してみましょう。

仮にAが当選したとします。そうするとAの発言はうそに、Bの発言もうそに、というようになりますので、ここで、本当、うそを○, ×として、表（「真理表」といいます）に整理しましょう。縦に発言者、横に当選した人を仮定して、次表が得られます。

 ここがポイント!

何がわかれば、発言の真偽がわかるかを、まず考えてみよう!

		\multicolumn{8}{c}{（当選したと仮定する人）}
		A	B	C	D	E	F	G	H
発言者	A	×	○	×	×	×	×	×	×
	B	×	×	○	×	×	○	×	×
	C	×	○	×	×	×	×	×	○
	D	×	×	×	○	×	×	×	×
	E	○	×	○	×	○	○	○	○
	F	○	○	○	○	○	×	○	○
	G	×	○	×	×	×	×	×	×
	H	×	○	×	×	×	×	×	○

これより、題意のとおり○が5人で×が3人になるのは、Bが当選したと仮定したときであることがわかり、肢1が正解となりますね。

正解 ①

One Point Advice

表は横に埋めていくほうがラクだよ! Aの発言は、Bが当選したときだけ○で、あとは全部×を入れればいいしね。
縦に埋めていくときも、×が4つ入るなど答えがわかったところでやめればいいよね。

One Point Advice

真偽のほとんどの問題はこのように、何かを仮定して、その仮定が誤りなら矛盾が起こるであろうという「背理法」を使って解くんだ!

A〜Eの5人のうち、2人を当選させる抽選を、次の手順で行った。

ア．5枚のカードを用意し、うち1枚だけ裏面に●の図形を描く。

イ．AからEの順で1枚ずつカードを引き、裏面に●の描かれたカードを引いた者の次とその次の2人が当選者となる。

ウ．ただし、●の描かれたカードを、Dが引いた場合にはEとAが、また、Eが引いた場合にはAとBが当選者となる。

この抽選の結果について5人にたずねたところ、それぞれ以下のような発言があったが、実際は●を引いた者の発言のみが誤っており、他の4人の発言は正しかった。このとき●を引いた者として妥当なのは誰か。　　　　　国家Ⅲ種 2004

A：「Dは当選した。」
B：「Cは当選しなかった。」
C：「Aは当選した。」
D：「Eは当選した。」
E：「Bは当選しなかった。」

1．A
2．B
3．C
4．D
5．E

●を引いた者がわかれば、当選した者もわかりますので、ここでは●を引いたのが誰かを仮定して、真理表を作成しましょう。次表のとおりですね。

●を引いた者		A	B	C	D	E
当選者		B C	C D	D E	E A	A B
発言者	A	×	○	○	×	×
	B	×	×	○	○	○
	C	×	×	×	○	○
	D	×	×	○	○	○
	E	×	○	○	○	×

これより、●を引いた者のみがうそをついているという条件を満たすのは、Cが●を引いたときのみで、正解は肢3とわかります。

正解③

　A～Eの5人の中には、うそつきが3人おり、残りの2人は正直者であるという。次の発言から判断して、正直者の組合せとして正しいのはどれか。

▶東京消防庁Ⅲ類 2005

A：Cはうそつきである。
B：Aは正直者だ。
C：私は正直者です。
D：Bはうそつきだ。
E：Cは正直者である。

1. AとB
2. BとC
3. CとD
4. DとE
5. AとE

　本問は3通りの解法をご紹介しましょう。

【解法1】
　まずは真理表に整理する解法です。
　本問では正直者が誰か（うそつきでもOK）がわかれば、発言の真偽がわかりますので、正直者を仮定しますが、その2人の組合せは選択肢の5通りでいいでしょう。次表のようになりますね。

5人から2人の組合せは10通りあるので、選択肢に絞ったほうがおトク！

	肢1	肢2	肢3	肢4	肢5
	A B	B C	C D	D E	A E
発言者 A	○	×	×	○	○
発言者 B	○	×	×	×	○
発言者 C	×	○	○	×	×
発言者 D	×	×	○	○	○
発言者 E	×	○	○	×	×

　よって、仮定においた正直者の2人と、本当のことを言っている2人が一致しているのは、肢1のAとBの場合とわかります。

【解法2】

　本問の発言の内容を考えると、誰かの発言の真偽が、他の人の発言の真偽につながることがわかります。

　そこで、たとえばAの発言が本当（正直者である）と仮定してみましょう。Aが正直者ならAの発言より、Cはうそつきで、またBの発言が本当になります。これより、DとEの発言がともにうそになり、次のようになります。

A	B	C	D	E
○	○	×	×	×

　また、Aの発言がうそであると仮定すると、今度は逆に、Cは正直者で、Bの発言がうそになります。よって、DとEの発言がともに本当になり、次のようになります。

A	B	C	D	E
×	×	○	○	○

　条件より、正直者は2人なので、前者のみこれを満たし、正直者はAとBとわかりますね。

【解法3】

　前の２つの解法はいずれも<u>背理法</u>による解法ですが、本問では発言の矛盾に着目した解き方もできます。

真偽の基本はこれだからね！

　Ａの発言に着目してください。Ａの発言が本当ならＣはうそつきですが、Ａの発言がうそならＣは正直者になり、ＡとＣの２人は「一方が○で一方が×」という矛盾関係になります。

　<u>同様にＤの発言も、Ｄが○ならＢは×で、Ｄが×ならＢは○の関係ですね。</u>

「～はうそつきだ」という発言は注目してみてね！

　すなわち、ＡとＣ、ＢとＤという２組に、○が１人ずついることがわかり、<u>○は２人だけですから、残るＥは×に確定</u>することがわかりますね。

残る人に注目すること！

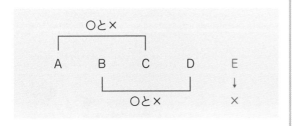

　よって、Ｅの発言がうそなので、Ｃはうそつきになり、Ａが正直者とわかります。さらにＢが正直者でＤがうそつきとわかり、正直者はＡとＢだと判明しますね。

正解①

この「○と×の矛盾」があるときは、ここに着目して簡単に解けることがよくあるからね。

Exercise 49

　ある会社で社長がA～Eの5人の社員に残業状況を尋ねたところ、次のように答えた。この中で一番最後に帰った者だけがうそをついているとすると、最後に帰ったのはだれか。ただし、同時に帰った者はいない。　　　　　　出題 地方初級 2001

　　A　「私はB，Cよりも早く帰った」
　　B　「私はCとDの後に帰ったが、私は最後ではない」
　　C　「私が帰るとき2人が残っていた」
　　D　「私は一番最初に帰ったので何も知らない」
　　E　「私は3番目に帰った」

　　1．A
　　2．B
　　3．C
　　4．D
　　5．E

　Cの発言に着目してください。5人の帰った順番ですから、Cの発言が本当ならCは3番目に帰ったことになり、Eと同じ内容になります。

　しかし、条件より3番目に帰った人は1人ですから、CとEの発言は矛盾しますので、どちらかがうそをついていることがわかりますね。

　本問ではうそつきは1人だけですから、他の3人は本当のことを言っていることが確定し、Bの発言より、CはBより早く帰ったので、最後ではありません。

　よって、最後に帰った者（うそつき）はEに決まり、正解は肢5ですね。

　ちなみに、各人の発言から帰った順番は以下のようにわかります。

ちょっと補足

この2人の発言は「○と×の関係」ではなく、「両方が○ということはない」という関係だね。つまり、これだけだと、2人とも×っていう可能性もあるわけだ！

ここがポイント！

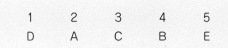

1	2	3	4	5
D	A	C	B	E

正解 ⑤

A〜Eの5人のうち、ある事件の犯人がいる。各人は次のように発言した。

A 「Cは犯人ではありません」
B 「Eは犯人ではありません」
C 「犯人は1人ではありません」
D 「Aはウソをついています」
E 「私は犯人です」

犯人は何人いるかわからない。また、犯人も犯人でない人も本当のことを言っているかウソをついているかもわからない。5人のうちウソをついているのが3人であるとすると、確実に言えるものはどれか。　裁判所職員一般職 2018

1．犯人は1人である。
2．犯入は2人いる。
3．AとEは犯人である。
4．BとCは犯人である。
5．Eは犯人ではない。

まず、Dの発言に着目すると、AとDは「一方が○で一方が×」という矛盾関係になります。
　また、BとEの発言に着目すると、この2人も○と×の矛盾関係にあるのがわかりますね。

　条件より、×は3人ですから、A，Dのいずれかと、B，Eのいずれか、そして、あと1人はCとなり、Cの発言は×に確定し、ここから、「犯人は1人である」ことがわかります。

ここで、肢1の正解がわかるね！本番では、これ以上やらなくてOK！

　では、その犯人ですが、（A，D），（B，E）で、それぞれどちらが○かで調べると、次のようになります。

A	D	B	E	犯人
○	×	○	×	C，E以外のいずれか
○	×	×	○	E
×	○	○	×	C
×	○	×	○	C，Eとも犯人となり不適

よって、正解は肢1です。

正解 ①

パターン 26

　ある町には、色の異なるア，イ，ウ，エ，オの5つの塔があり、これらの5つの塔の色は赤，青，黄，茶，白のいずれかである。この町の人であるA〜Eの5人にそれぞれ2つの塔の色について尋ねたところ、次のように答えた。このとき、A〜Eの5人は、いずれも一方の塔の色については本当のことを言い、もう一方の塔の色についてはうそを言ったとすると、白い色の塔はどれか。

裁判所事務官III種 2005

　A　「塔アの色は茶で塔イの色は青である。」
　B　「塔イの色は黄で塔ウの色は茶である。」
　C　「塔ウの色は茶で塔アの色は赤である。」
　D　「塔エの色は赤で塔オの色は青である。」
　E　「塔オの色は黄で塔アの色は青である。」

1．ア
2．イ
3．ウ
4．エ
5．オ

　5人はそれぞれ2つのことを言っており、1つが〇で1つが×ですから、一方を〇と仮定するともう一方が×となり、さらに他の人の発言の真偽につながっていくでしょう。
　条件は見やすく式にして、Aの発言の前半を〇と仮定します。後半は×で、アは茶となりますから、CとEの後半が×となりますね。ここまでを図1のようにまとめます。

誰かの発言を〇と仮定することで、そこからつながるところがあるか確認しようね。

```
図1
    A    ア＝茶  ○      イ＝青  ×
    B    イ＝黄         ウ＝茶
    C    ウ＝茶         ア＝赤  ×
    D    エ＝赤         オ＝青
    E    オ＝黄         ア＝青  ×
```

One Point Advice

条件文が見やすすければ、そのまま問題文の上に○×を記入していけばいいね！ 本問は書き直したほうが使いやすいでしょ！！

しかし、これではＣの前半が○になり、ウも茶になり矛盾します。よって、この仮定は正しくなく、Ａの発言は前半が×で後半が○に確定します。

これよりイは青に決まり、Ｂの前半とＤ，Ｅの後半の発言が×になりますね。ここまでを図２のようにまとめます。

```
図2
    A    ア＝茶  ×      イ＝青  ○
    B    イ＝黄  ×      ウ＝茶
    C    ウ＝茶         ア＝赤
    D    エ＝赤         オ＝青  ×
    E    オ＝黄         ア＝青  ×
```

よって、Ｂの後半が○なので、Ｃの前半も○となり、発言の真偽は図３のように決まりますね。

```
図3
    A    ア＝茶  ×      イ＝青  ○
    B    イ＝黄  ×      ウ＝茶  ○
    C    ウ＝茶  ○      ア＝赤  ×
    D    エ＝赤  ○      オ＝青  ×
    E    オ＝黄  ○      ア＝青  ×
```

これより、塔の色を確認すると、次のようにわかります。

ア	イ	ウ	エ	オ
青	茶	赤		黄

One Point Advice

こういう「1人2発言」のタイプは、片方の発言を○と仮定していけば、うまくいく問題が多いよ！
どの塔が何色かを整理しながら解くことも忘れないでね！

残るアが白に決まり、正解は肢 1 ですね。

正解 ①

Exercise 51

A，B，C の 3 人のうち、1 人はいつでも本当のことを言う「正直者」で、1 人はいつでもうそを言う「うそつき」で、1 人は本当のことだけ又はうそだけを言う「気まぐれ屋」である。また、3 人のうち 1 人だけ、いつも頭にリボンをつけている。A〜C が次の発言をしているとき、リボンをつけている者は誰か。

裁判所職員一般職 2016

A：「私はうそつきではありません。リボンをつけているのは私です。」
B：「私は正直者ではありません。リボンをつけているのは A ではありません。」
C：「私は気まぐれ屋ではありません。リボンをつけているのは私ではありません。」

1．正直者の A
2．気まぐれ屋の B
3．気まぐれ屋の A
4．正直者の C
5．うそつきの C

正直者は両方○、うそつきは両方×、気まぐれ屋は両方○または両方×ですね。

とりあえず、それぞれの発言が誰のものかを考えると、たとえば、A の前半の発言は誰の発言でも矛盾しませんよね。しかし、B の前半の発言は、正直者、うそつきの発言ではありませんので、気まぐれ屋の発言とわかります。

これより、B は気まぐれ屋で、「私は正直者ではありません」という前半の発言は本当のことを言っていますので、後半の発言も本当となり、リボンをつけているのは A ではありませんね。

また、気まぐれ屋が B に確定したため、C の「私は気まぐれ屋ではありません」という前半の発言は本当のこととなり、正直者の発言とわかります。すなわち、C は正直者で、後半の発言も本当ですから、リボンを

ちょっと補足

A の前半は、うそつきの発言でも、ちゃんとうそになってるし、気まぐれ屋の本当の発言でも OK だよね！
でも、B の前半は、正直者が言うとその発言だし、うそつきが言うと本当の発言になって矛盾するよね。

つけているのはCでもありません。

　よって、リボンをつけているのはBとなり、Bは気まぐれ屋ですから、正解は肢2です。

　ちなみに、Aはうそつきですが、両方の発言がうそになっているのが確認できますね。

正解②

暗号 ➡ 規則性から解読せよ！

ガイダンス

★文字を暗号化する「換字式」が出題の主流で、その文字が「かな」か「アルファベット」かで、それぞれ特徴があります。

★出題頻度はさほど高くありませんが、特別区ではほぼ毎年出題されています。

パターン 27

時刻を利用したある暗号で、「いちじさんじゅっぷん」が「2：20，5：20，4：25，4：10，12：00，4：25，9：33，5：33，7：38，12：00」と表されるとき、同じ法則で「7：50，12：00，4：20，9：33，2：30，6：20，2：10，10：30，6：50，7：10」と表される言葉から連想される言葉として、最も妥当なのはどれか。 特別区Ⅲ類 2021

1．沖縄県
2．高知県
3．長野県
4．福岡県
5．北海道

「いちじさんじゅっぷん」という 10 個のかな文字が、10 個の時刻で表されていますので、次のように、かな文字 1 個に 1 個の時刻が対応すると考えられます。

2:20	5:20	4:25	4:10	12:00
い	ち	じ	さ	ん

4:25	9:33	5:33	7:38	12:00
じ	ゅ	っ	ぷ	ん

「じ」と「ん」は 2 つずつあるけど、それぞれ同じ時刻で表されているから、この対応で間違いなさそうだね。

かな文字の暗号は、「50 音表」に対応するパターンがほとんどですので、本問もその規則性に従ってい

ると推測してみましょう。

50音表は、段（あいうえお）と、行（あかさなた…）で構成されていますので、段を表す部分と行を表す部分で構成されるのが基本です。

そうすると、10文字の中で同じ段の文字を探すと、「い」と「ち」はともに「い段」で、これを表す暗号は、「分」を表す数字がともに「20」であるとわかります。

さらに、「あ段」の文字である「さ」を表す暗号の「分」は「10」であることから、「あ，い，う，え，お」は、「分」の部分が「10，20，30，40，50」ではないかと推測できます。

しかし、その他の文字を表す暗号を見ると、「分」の数字がちょっと違いますので、それぞれ確認してみましょう。

まず、「じ」は「25」ですが、これは、「い段」に濁点が加わって、「20」→「25」で表されていると推測でき、同様に、「ぷ」は「38」で、「う段」に半濁点が加わって、「30」→「38」ということでしょう。また、「ゅ」「っ」はともに「33」で、こちらは「う段」に拗音，促音を表すという意味で「30」→「33」という規則性と推測できますね。

あと、「ん」は特別なので「00」で表すということでしょう。

ということで、段については、濁点などの処理も含めて「分」の数字で表されているとわかりましたので、行については「時」の数字で表されていると推測でき、同じ行の文字を探すと、「じ」と「さ」はともに「さ行」で、これらの「時」の数字はともに「4」、同様に、「ち」と「っ」は「た行」でともに「5」、「い」は「あ行」で「2」であることから、「あ，か，さ，た，…」は「時」の部分が「2，3，4，5，…」ではないかと推測でき、次のように整理すると、その他の文字もこの規則性に従っていると確認できます。

ちょっと補足

濁点は「゛」、半濁点は「゜」、拗音（ようおん）や促音（そくおん）は、小さい字のことね。
ちなみに、これから解読する暗号にはほとんど出てこないから、あまり気にしなくていいんだけどね。

	2	3	4	5	6	7	8	9	10	11	12
00											ん
10	あ	か	さ	た	な	は	ま	や	ら	わ	
20	い										
30	う										
40	え										
50	お										

これより、与えられた暗号を解読すると、次のようになります。

7:50	12:00	4:20	9:33	2:30
ほ	ん	し	ゅ	う

6:20	2:10	10:30	6:50	7:10
に	あ	る	の	は

よって、「本州にあるのは」と読め、選択肢の中では「長野県」で、肢3が正解です。

正解 ③

Exercise 52

　ある暗号では、「51 43 85 33 74」が「なつやすみ」を表し、「64 75 43 63# 32」が「ひまつぶし」を表すという。このとき「はなびたいかい」を表したものとして、最も妥当なのはどれか。 　　　　　 出典▶東京消防庁Ⅲ類 2005

1. 65 51 64# 41 12 21 12
2. 65 55 62# 45 14 21 14
3. 65 51 62# 45 12 25 12
4. 74 55 62# 41 13 25 13
5. 74 51 64# 41 12 21 12

　かな1文字に対して、2桁の数字1つが対応しているのがわかります。

　「ひまつぶし」の「ぶ」に対応する「63＃」の「＃」は、濁点を表すと考えられますので、2桁の数字で段と行を表すのであれば、十の位と一の位がそれぞれを表すと推測できます。

　では、同じ段の文字を確認しましょう。「あ段」から「う段」の文字に集中していますので、ここでまとめてみましょう。次のようにわかりますね。

ちょっと補足

特徴あるし、「はなびたいかい」の「び」も、選択肢のすべてに「＃」がついてるしね。

「あ段」	な→ 51	や→ 85	ま→ 75
「い段」	み→ 74	ひ→ 64	し→ 32
「う段」	つ→ 43	す→ 33	ふ→ 63

　「う段」の文字には一の位が「3」という共通点があります。しかし、「あ段」と「い段」の文字の一の位は一定していませんね。

　このままでは仕組みが見えませんので、次のように、50音表に暗号を記入してみましょう。

	あ	か	さ	た	な	は	ま	や	ら	わ
あ					51		75	85		
い			32			64	74			
う			33	43		63				
え										
お										

どれが段でどれが行を表すかが
わかれば、パターン 27 のよう
な記入方法でいいけど、わかん
ないときはこっちのやり方を試
してみてね。

どうやら、十の位が行を表し、あ行→1、か行
→2、さ行→3…となるようですね。

では、一の位が段のようですが、一見バラバラに見
えます。しかしよく見ると、「あ段」は前半では
「1」、後半では「5」、「い段」は前半では「2」、後
半では「4」になっており、「あ→お」に対応するの
は、前半（「な行」まで）では「1→5」で、後半（「は
行」から）では「5→1」となると推測できます。

これより、表を埋めて次のようになりますね。

前半、後半でシステム
を変えるのは、暗号で
はよくあること！

	あ	か	さ	た	な	は	ま	や	ら	わ
あ	11	21	31	41	51	65	75	85	95	
い	12	22	32	42	52	64	74	84	94	
う	13	23	33	43	53	63	73	83	93	
え	14	24	34	44	54	62	72	82	92	
お	15	25	35	45	55	61	71	81	91	

ちょっと補足

「わ行」はわかんないけど、必
要ないからいいよね。

よって、求める暗号は次のようになります。

は	な	び	た	い	か	い
65	51	64♯	41	12	21	12

これより、正解は肢1ですね。

正解 ①

168

Exercise 53

　ある規則性に従うと、「きたきつね」は「０９２００９１８２４」と表される。この規則性に従うと、「いりおもてやまねこ」はどのように表されるか。

裁判所事務官Ⅲ種 2005

1. 0242053517740312406
2. 0242103119363522 10
3. 0240053117740352210
4. 1240053517740312410
5. 1242103119363522406

　「きたきつね」の５文字に対して、暗号は数字が10個、「いりおもてやまねこ」の９文字を表す暗号も、数字18個であることが選択肢からわかります。

　よって、かな１文字に対して、数字２個と考えられますので、対応させてみましょう。

09	20	09	18	24
き	た	き	つ	ね

　「た」と「つ」が同じ「た行」の文字ですが、共通の数字がありませんね。数字１個が段でもう１個が行という仕組みではないようです。

　では、前問同様に、50音表の中に入れて調べてみましょう。次のようになります。

	あ	か	さ	た	な	は	ま	や	ら	わ
あ			20							
い		09								
う			18							
え				24						
お										

　後ろへ行くほど、数字が大きくなっているのがわかります。「た行」に着目すると、「18」と「20」の間に１文字分の空きがあり、ここを「19」とすると、

「た行」は次のようであると推測できますね。

	あ	か	さ	た	な	は	ま	や	ら	わ
あ			20							
い		09	19							
う			18							
え			17	24						
お			16							

これより、「た行」までの 4 行で、数字が 20 になるわけですから、01 ～ 20 がこの 4 行に配置され、各行ごとに次のように、下から上へ並べる仕組みが考えられます。

	あ	か	さ	た	な	…
あ	05	10	15	20	25	
い						
う						
え						
お	01	06	11	16	21	

「き」の「09」の位置は OK だね。

しかし、これでは「ね」→「24」の対応と矛盾し、「20」から「24」の間には 3 文字が入ることを考えると、「な行」については上から下へ並べると、次のように当てはまることがわかります。

ここがポイント！

	あ	か	さ	た	な	は	ま	や	ら	わ
あ			20	21						
い		09	19	22						
う			18	23						
え			17	24						
お			16	25						

これより、「上から下」と「下から上」の並び方が交互に使われているという推測ができ、次のような仕組みを考えます。

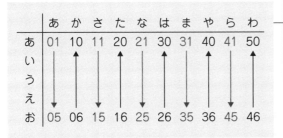

	あ	か	さ	た	な	は	ま	や	ら	わ
あ	01	10	11	20	21	30	31	40	41	50
い										
う										
え										
お	05	06	15	16	25	26	35	36	45	46

ちょっと補足

や行、わ行は、5文字はないから、その分だけ数字が飛んでることも考えられるので、気をつけてね。ちなみに、本問はこれでいいみたい！

これで数字の並び方は OK でしょう。求める暗号を書き出して、次のようになります。

い	り	お	も	て	や	ま	ね	こ
02	42	05	35	17	40	31	24	06

これを考慮して「り」は後回しにしても、「も」で正解肢がわかるね。

よって、正解は肢 1 ですね。

正解①

One Point Advice

かな文字の暗号は、50 音表が利用できることが多いけど、すべての問題で使えるわけではないからね！

パターン 28

ある暗号を使うと、「SUN」は「16 − 12 − 26」、「AIR」は「1 − 17 − 18」と表される。同じ暗号の法則で「7 − 24 − 13」が表すものとして、最も妥当なのはどれか。　　警視庁Ⅲ類 2017

1. BEE
2. COW
3. DOG
4. FLY
5. FOX

アルファベット1文字に対して数字1つが次のように対応していると推測できます。

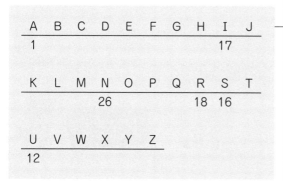

	S	U	N		A	I	R
	16	12	26		1	17	18

では、その仕組みを調べるために、アルファベットを並べて、暗号を記入してみましょう。

ワンポイントアドバイス
One Point Advice

アルファベットはかな文字の「50音表」のようなものがないから、こうやって、26文字並べて規則性を見るのが基本的な解き方！
もちろん、別の方法で解くものもあるけどね。

A	B	C	D	E	F	G	H	I	J
1								17	

K	L	M	N	O	P	Q	R	S	T
			26				18	16	

U	V	W	X	Y	Z
12					

「R，S，T，U」→「18，16，○，12」から、「T」に対応する○に入るのは「14」と推測できます。「N」→「26」から先はこの規則性に従うことを期待し、同様に、偶数を並べてみると、次のようになりますね。

A	B	C	D	E	F	G	H	I	J
1								17	

K	L	M	N	O	P	Q	R	S	T
			26	24	22	20	18	16	14

U	V	W	X	Y	Z
12	10	8	6	4	2

どうやら、後半のほうはこれでよさそうですね。
さて、そうすると、前半のほうですが、こちらは奇

数が与えられていますので、「A」→「1」から順に
奇数を並べてみると、次のようになります。

A	B	C	D	E	F	G	H	I	J
1	3	5	7	9	11	13	15	17	19

K	L	M	N	O	P	Q	R	S	T
21	23	25	26	24	22	20	18	16	14

U	V	W	X	Y	Z
12	10	8	6	4	2

ちょっと補足

A〜M，N〜Zで、ちょうど
13文字ずつだから、これでき
れいに納まった感じかな。厳密
にいうと、「J」〜「M」は断
定できないけど、答えに影響し
ないからね。

これより、求める暗号は次のようになります。

```
7  －  24  －  13
D      O       G
```

よって、正解は肢3です。

ワンポイントアドバイス
One Point Advice

アルファベットの暗号は、本問
のように、前半と後半でちょっ
と規則性が変わることがあるの
で、スペースがあれば、13文
字ずつ2段に分けて書くとい
いよ！

正解 ③

Exercise 54

ある暗号で「いぬ」が「23，12，20」、「ねこ」が「24，26，7」で表さ
れるとき、同じ暗号の法則で「21，12，3」と表されるのはどれか。

 特別区Ⅲ類 2019

1．「らいおん」
2．「きつね」
3．「くま」
4．「しか」
5．「ぶた」

「いぬ」「ねこ」とも、かな２文字ですが、暗号は
数字が３つですね。アルファベットにすると、「Ｉ
ＮＵ」「ＮＥＫＯ」で、後者の文字数が合いません。
それでは、アルファベットにするもう１つの方法と
して、英単語を考えてみましょう。「ＤＯＧ」「ＣＡＴ」
なら文字数が合いますね。次のような対応と推測しま
す。

ワンポイントアドバイス
One Point
Advice

本問のように、誰でも簡単に英
語にできるような単語ばかり並
んでいるときは、こっちの確率
が高いよ！

D	O	G		C	A	T
23	12	20		24	26	7

✂ ここで
選択肢を斬る！

選択肢の動物で、英語で３文字
で、２文字目は「12」＝「O」
かな？　さあ、どーれだ!?

　では、アルファベットを並べて、対応させてみま
しょう。

A	B	C	D	E	F	G	H	I	J
26		24	23			20			
K	L	M	N	O	P	Q	R	S	T
			12						7
U	V	W	X	Y	Z				

　どうやら、本問の場合は、数字は逆順のようですね。
確認してみましょう。

A	B	C	D	E	F	G	H	I	J
26	25	24	23	22	21	20	19	18	17
K	L	M	N	O	P	Q	R	S	T
16	15	14	13	12	11	10	9	8	7
U	V	W	X	Y	Z				
6	5	4	3	2	1				

　これより、求める暗号は、「21，12，3」→「Ｆ
ＯＸ」となり、肢２の「きつね」が正解です。

正解②

　ある規則性に従うと、「ｄｈｐｔｓｗｇｋｒｖ」は、「ｆｒｕｉｔ」を表している。この規則性によると、「ｌｕｎｃｈ」を表すものは次のうちどれか。

　　　　　　　　　　　　　　　　　　　　　　　裁判所事務官Ⅲ種 2004

1. ｊｍｂｄｖｘｓｗｅｇ
2. ｇｉｓｗｊｍｂｄｏｓ
3. ｊｍｖｘｕｒａｅｒｕ
4. ｊｎｓｗｌｐａｅｆｊ
5. ｊｎｂｄｕｒｓｗｃｇ

　「ｆｒｕｉｔ」というアルファベット 5 文字に対して、暗号はアルファベット 10 文字ですから、1 文字に対して暗号 2 文字が考えられます。では、アルファベット 26 文字を並べて、対応させてみましょう。

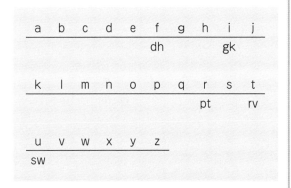

　気づきましたか？　本問は、アルファベット 1 文字につき、それぞれの 2 つ前と 2 つ後のアルファベットを並べた暗号と推測できます。つまり、次のような位置関係です。

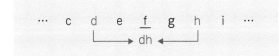

これより、求める暗号を調べましょう。

ワンポイントアドバイス
One Point Advice

本問は気づくかどうかが問題！
つまりクイズのようなもの。
暗号の問題には、こういうのも
あるから、ハマって時間をロス
しないよう、気をつけてね。

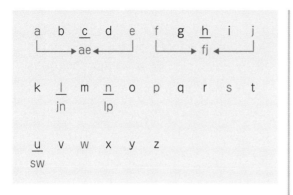

よって、「l u n c h」→「j n s w l p a e f j」
とわかり、正解は肢4ですね。

正解④

Exercise 56

白と黒の碁石をある約束に従って一列に並べて、「DOG」が「●●●○○－●
○○○●－●●○○●」、「TOP」が「○●●○○－●○○○●－●○○○○」
と表されるとき、「MILK」を表したのはどれか。 特別区Ⅲ類 2004

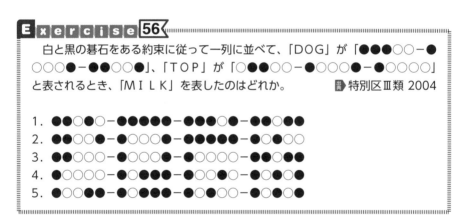

1. ●●○○●○－●●●●●－●●●○○－●●○○●
2. ●●○○○●－○○○○●－●●●●●－●○○○○
3. ●●○○○－●○○○●－●○○○●－●○○○●
4. ●○○○●－●○○●●－●○●●●－●○○○●
5. ●○○●●－●○○●●－○○○○●－●○○○●

　アルファベット1文字を、5つの碁石1組で表し
ていることがわかりますので、アルファベット26文
字を並べて、対応する暗号を記入してみましょう。

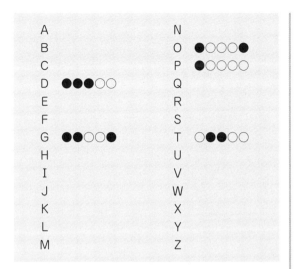

A

B

C

D ●●●○○

E

F

G ●●○○●

H

I

J

K

L

M

N

O ●○○○●

P ●○○○○

Q

R

S

T ○●●○○

U

V

W

X

Y

Z

「O」→「P」の変化に着目します。一番右の●が
○に変わっていることから、●＝0，○＝1を表す
「2進法」と推測できます。

ここが
ポイント！

では、●と○をそれぞれ0と1に置き換え、その
数を10進法の数字に変換してみましょう。次のよう
になりますね。

	2進数 → 10進数		2進数 → 10進数
A		N	
B		O	0 1 1 1 0 → 14
C		P	0 1 1 1 1 → 15
D	0 0 0 1 1 → 3	Q	
E		R	
F		S	
G	0 0 1 1 0 → 6	T	1 0 0 1 1 → 19
H		U	
I		V	
J		W	
K		X	
L		Y	
M		Z	

ちょっと補足

●と○のように、2種類の記号
等で表す暗号は、「2進法」の
システムによるものが多い（3
種類なら「3進法」）から、ま
ずコレをうたがってね！

ワンポイントアドバイス
One Point
Advice

「2進法」を知らない人は、数
的推理で確認してから、解いて
みてね。

10進法の数字を見ると、「A → Z」が「0 → 25」

に対応することがわかり、それぞれ 2 進法で表すと、
次のように確認できますね。

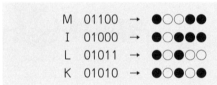

```
        2 進数 → 10 進数        2 進数 → 10 進数
A    0 0 0 0 0 → 0      N    0 1 1 0 1 → 13
B    0 0 0 0 1 → 1      O    0 1 1 1 0 → 14
C    0 0 0 1 0 → 2      P    0 1 1 1 1 → 15
D    0 0 0 1 1 → 3      Q    1 0 0 0 0 → 16
E    0 0 1 0 0 → 4      R    1 0 0 0 1 → 17
F    0 0 1 0 1 → 5      S    1 0 0 1 0 → 18
G    0 0 1 1 0 → 6      T    1 0 0 1 1 → 19
H    0 0 1 1 1 → 7      U    1 0 1 0 0 → 20
I    0 1 0 0 0 → 8      V    1 0 1 0 1 → 21
J    0 1 0 0 1 → 9      W    1 0 1 1 0 → 22
K    0 1 0 1 0 → 10     X    1 0 1 1 1 → 23
L    0 1 0 1 1 → 11     Y    1 1 0 0 0 → 24
M    0 1 1 0 0 → 12     Z    1 1 0 0 1 → 25
```

これより、「MILK」を表す暗号は、

```
M    01100   →   ●○○●●
I    01000   →   ●○●●●
L    01011   →   ●○●○○
K    01010   →   ●○●○●
```

———1 文字目で正解が出るよ！

とわかり、肢 5 が正解となります。

正解⑤

MEMO

深呼吸

SECTION

09

操作手順 ➡ ルールを覚えよ！

重要度

ガイダンス ✐

★さまざまな操作の回数や方法などを考える問題で、定番的なパターンの問題も よくあります。

★出題頻度はさほど高くありませんが、パターンを覚えれば解ける問題が多いの で、得点源となるでしょう。

パターン 29

外見では全く区別のつかない 9 個の缶詰がある。このうち 1 個は不良品で、基準より少し軽いことが分かっている。天びんを用いて不良品を見分けるとき、確実に見分けるために必要な最少計測回数はどれか。 特別区Ⅲ類 2004

1．2 回
2．3 回
3．4 回
4．5 回
5．6 回

缶詰を 3 個ずつ 3 グループに分け、A，B，C とします。

まず、A の 3 個と B の 3 個をてんびんの両皿にのせましょう。

ここで図 1 のように、A と B が釣り合わなければ、軽くなったほうに不良品が含まれていることになります。

また、図 2 のように A と B が釣り合ったら、不良品は C に含まれていることがわかりますね。

ワンポイントアドバイス
One Point Advice

不良品以外は基準の重さ（同じ重さ）と考えてね。最近の問題はちゃんと書いてくれるから迷うことはないけどね。

ここがポイント！

図1

不良品含む
↓

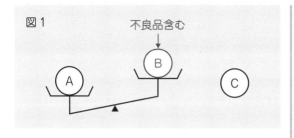

図2

不良品含む
↓

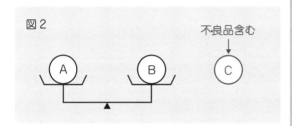

1回目の計測で、A〜Cのどこに不良品が含まれているかがわかりましたので、あとは図3のように、その3個のうち、2個をてんびんの両皿にのせ、もう一度計測すればどれが不良品かわかります。

図3

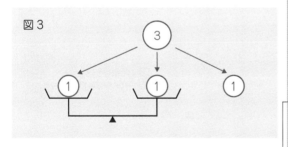

よって、2回の計測で確実に見つけることができ、肢1が正解ですね。

ところで、この計測回数には一定の法則があります。本問の2回目の計測でわかるように、3個までは1回の計測でわかります。4個以上でも、9個以下なら3個以下のグループ3つまでに分けられますので、本問のように2回の計測でわかりますね。

10個以上の場合でも、27個までなら9個以下のグループ3つまでに分けて1回計測すれば、どこの

ナットクいかない方はこちら

1回目と同じだよ。釣り合わなければ軽いほう、釣り合ったら残る1個が不良品！

ちょっと補足

1回で偶然見つかることもあるけど、「確実に見つける」ための最少回数だからね！

ちょっと補足

てんびんにのせる2グループが同じ個数であれば、もう1グループは個数が違ってもOK！たとえば、8個なら3，3，2個に分ければいいよね。

グループに入っているかわかり、9個以下に絞られます。あとはそこから2回計測すればいいので、3回でわかります。

　同様に、28個以上でも81個までなら、27個以下のグループ3つまでに分けられますので、1回目の計測で27個までに絞られ、あと3回で計4回です。

　このように、計測回数を1回増やせば、3倍までの範囲の個数から見つけ出せることがわかり、次のような規則になりますね。

$$
\begin{array}{rcl}
\sim 3\text{個} & \Rightarrow & 1\text{回} \\
4 \sim 9\text{個} & \Rightarrow & 2\text{回} \\
10 \sim 27\text{個} & \Rightarrow & 3\text{回} \\
28 \sim 81\text{個} & \Rightarrow & 4\text{回} \\
\vdots & & \vdots
\end{array}
$$

　そして、これを一般的な形にすると、次のようになります。

$$
(3^{n-1} + 1) \sim 3^{n}\text{個} \;\Rightarrow\; n\text{回}
$$

個数の左のほうは気にしなくていいよ！
形だけのものだから。

　ただしこれは、重さの違う物が1個だけで、それが他と比べて、重いのか軽いのかがわかっているときの最少必要回数ですから、気をつけて使ってくださいね。

正解 ①

本問では「軽い」だけど、「重い」ときも同様に使えるよね。
ただ、これがどっちかわかんないときは、また別の操作が必要になって、1回多くなることがほとんどかな！

同じ大きさの立方体が 16 個あり、そのうちの 15 個は同じ重さで、1 個だけが他の 15 個より重いことが分かっている。上皿天秤を使って重さの異なる 1 個の立方体を確実に特定するためには、天秤を最少何回使う必要があるか。

海上保安学校 (特別) 2014

1. 2 回
2. 3 回
3. 4 回
4. 6 回
5. 8 回

16 個のうち 1 個だけ、他より重いとわかっていますので、パターン 29 で確認した規則性に従います。「16 個」は、10 〜 27 個の範囲ですから、全部で 3 回となり、正解は肢 2 ですね。

たとえば、1 回目に、8 個, 8 個に分け、てんびんの両皿にのせると、重さの異なる 1 個は、重くなったほうに含まれるとわかります。

2 回目はその 8 個を、3 個, 3 個, 2 個に分け、3 個ずつ両皿へのせると、釣り合わない場合は、重いほうの 3 個に、釣り合った場合は、残る 2 個に含まれていますね。

3 回目は、その 3 個、または 2 個から、2 個を両皿にのせれば、その 1 個が特定できます。

ちょっと補足

(7，7，2) とか、(6，6，4) とかでも、もちろん OK！ まずは、9 個以下に絞り込むんだ！

正解 ②

　　A〜Fの同じ形をした硬貨が6枚あり、この中に他の硬貨とは重さの異なる偽造硬貨が1枚だけあることが分かっている。上皿天びんばかりを使い、両方の皿に硬貨をのせて比較することにより、偽造硬貨を選別したい。まず、はかりの左側にAとB、右側にCとDをのせて比較し、続いて2回目に、左側にAとE、右側にCとFをのせて比較したところ、いずれも左側の方が重いことが分かった。このとき、3回目にはかりにのせて偽造硬貨を確実に選別できる組合せとして、妥当なのは次のうちではどれか。　　　　　　　　　　　　　　　国家Ⅲ種 2004

```
   左側        右側
1. AとB       CとF
2. AとC       BとE
3. AとE       CとD
4. BとD       EとF
5. BとF       DとE
```

　　これまでの問題と違って、必要回数を求める問題ではないですね。与えられた操作結果から推理する問題です。

　　まず、2回の操作を式にすると、次のように表せますね。

$$(A, B) > (C, D) \quad \cdots ①$$

$$(A, E) > (C, F) \quad \cdots ②$$

　　これより、偽造硬貨は①の4枚の中にあり、かつ、②の4枚の中にもあることがわかりますので、①、②に共通している、AかCに絞られることになります。

　　そして、その他の4枚は本物の硬貨ですから、①、②の結果から、A＞Cがわかりますので、偽造硬貨が本物より重いならA、軽いならCなのですが、本問では重いのか軽いのかはわかっていません。

　　よって、3回目の操作が必要になり、ここからは選択肢より検討しましょう。

肢1　A＞Cで、B、Fは本物ですから、左＞右は明らかです。この操作ではどちらが偽造硬貨かわかりま

ナットクいかない方はこちら

4枚が全部本物の硬貨なら、てんびんは釣り合うはずだからね!!

せんね。

肢2 左側に偽造硬貨が含まれていますので、釣り合うはずはありません。仮にこの操作で、左＞右となったら、それは偽造硬貨が重いわけですからＡとなり、左＜右のときは、軽いのでＣと選別することができます。本肢が正解ですね。

肢3 肢1同様に、左＞右となるだけで、わかりませんね。

肢4，5 すべて本物ですから、釣り合いますが、偽造硬貨はわかりません。

正解②

1g，3g，9gの3個の分銅がある。この分銅を用いて天びんばかりで量ることのできる物体の重さは何通りあるか。

ただし、分銅は3個すべて置かなくてもよく、例えば、図のような計測も可能とする。

入国警備官等 2002

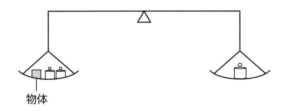

物体

1．7通り
2．9通り
3．11通り
4．13通り
5．15通り

まず、1gと3gの分銅を用いて、量ることのできる重さを考えると、1gと3gはもちろんですし、1＋3＝4（g）もOKです。

さらに図のように、左右別々に置くと、左側のほうで、3－1＝2（g）の物体の重さを量れます。

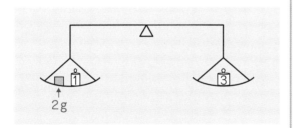

2g

すなわち、左側に重さを量る物体を置くとすると、「右側の分銅の重さ－左側の分銅の重さ」が物体の重さになりますので、右側に置く分銅の重さを＋、左側を－として表せる数であれば、その重さを量ることが可能であるとわかります。

そうすると、1gと3gで、1～4（g）のすべて

そこにある分銅の重さを、足し引きしてできる数ならOKってこと!

ここがポイント!

の整数の重さが量れるわけですから、これに9gの分銅を加えると、9 − 4 = 5（g）から9 + 4 = 13（g）までのすべての整数の重さが量れることがわかります。

具体的には、次のとおりですね。

$$9 - 3 - 1 = 5$$
$$9 - 3 = 6$$
$$9 + 1 - 3 = 7$$
$$9 - 1 = 8$$
$$9$$
$$9 + 1 = 10$$
$$9 + 3 - 1 = 11$$
$$9 + 3 = 12$$
$$9 + 3 + 1 = 13$$

ちょっと補足

たとえば、5gは、右に9g、左に3gと1gを置いて量るってことだよ！

よって、1 〜 13（g）のすべての整数の重さの物体を量ることが可能ですので、13通りとわかり、正解は肢4です。

ちなみに、この3つに加えて、27gの分銅を用いると、27 − 13 = 14（g）から27 + 13 = 40（g）までのすべての整数の重さが量れ、1 〜 40（g）が可能になり、さらに81gの分銅を加えると、81 − 40 = 41（g）から81 + 40 = 121（g）までというように、1，3，9，27，81…と3倍の重さの分銅を次々加えていけば、その合計までのすべての整数の重さが量れることになります。

正解 ④

一度に大人なら1人だけ、子供なら2人まで乗ることのできるボートがある。このボートを使って、大人2人と子供2人の4人全員が川の対岸に渡るには、何回川を渡ることになるか。 東京消防庁Ⅲ類 2005

1. 7回
2. 8回
3. 9回
4. 10回
5. 11回

ボートは1つしかありませんので、誰かが乗って対岸へ行くと、誰かが戻さなければ次の人が乗れません。

そうすると、最初に乗って行くのは子供2人ですよね。大人が行くとその本人が戻すしかないので、何の進展もありません。

はじめに子供2人で行き、1人がボートを漕いで戻り、1人は対岸で待機します。次に大人が乗って行き、待機していた子供がボートを戻せば、大人1人の移動が完了します。

つまり、次のような過程になりますね。

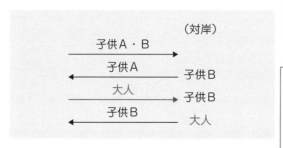

これより、大人1人が対岸へ行くのに、4回の移動が必要ですので、大人2人では8回となります。

また、この8回が終わった時点で、子供は2人とももとの場所へ戻っていますので、最後に子供2人が一緒に渡ればよく、合計9回川を渡れば、4人の移動が完了します。

よって、正解は肢3ですね。

ちょっと補足

大人の移動は、大人の人数×4回の移動が必要だよ!

ちょっと補足

子供が3人なら、まず2人が渡り、1人が戻って、もう一度2人で渡ればいいので3回。というように、子供が1人増えれば、移動回数は2回増えるんだね。

水が満たされている容量 10L の容器と、容量 7L 及び容量 3L の空の容器がそれぞれ 1 つずつある。3 つの容器の間で水を順次移し替え、容量 10L の容器と容量 7L の容器とへ、水をちょうど 5L ずつに分けた。各容器は容量分の水しか量れず、1 つの容器から別の 1 つの容器へ水を移し替えることを 1 回と数えるとき、水をちょうど 5L ずつに分けるのに必要な移し替えの最小の回数として、正しいのはどれか。

📖 東京都Ⅲ類 2016

1.　8 回
2.　9 回
3.　10 回
4.　11 回
5.　12 回

「油分け算」といわれる問題で、次のようなルールに従います。

> **ルール 1**
> 　大きい容器から小さい容器へ順に移し替える
>
> **ルール 2**
> 　過去に一度あった状態に戻る操作はパスする

　本問では、最も大きい容器は 10L、次は 7L、最も小さいのが 3L ですから、ルール 1 より、10L → 7L → 3L → 10L → 7L →…という順番で移し替えます。

　まず、1 回目は、10L → 7L の移し替えで、<u>10L 容器には 3L が残り、7L 容器に 7L が入ります。</u>

　2 回目は、7L → 3L の移し替えで、7L 容器には 4L 残り、3L 容器に 3L が入ります。

　3 回目は、3L → 10L の移し替えで、3L 容器は空に、10L 容器には残っていた 3L に 3L が加わり 6L となります。

　そして、4 回目は、10L → 7L の移し替えですが、これを行うと、10L 容器に入っている 6L のうちの 3L を 7L 容器に移すことになり、（10L 容器，7L 容器）＝（3L，7L）となり、<u>1 回目の操作後の状態</u>

ちょっと補足

条件より、各容器は容量分しか量れない。つまり目盛とかないってことね。だから、7L 容器に目一杯の水を入れるしかないんだ！

に戻ります。よって、ルール2より、この操作をパ
スして、次の7L→3Lの移し替えで、7L容器には、
残っていた4Lのうち1Lが残り、3L容器に3Lが
入ります。

また、同じことを繰り
返すことになるよね！

　ここまでの状態を表に整理し、以下同様に、ルール
に従って移し替えを行うと、次のようになります。

	移し替え	10L容器	7L容器	3L容器
1回目	10L→7L	3	7	0
2回目	7L→3L	3	4	3
3回目	3L→10L	6	4	0
	10L→7L	1回目の状態に戻るのでパス		
4回目	7L→3L	6	1	3
5回目	3L→10L	9	1	0
	10L→7L	1回目の状態に戻るのでパス		
6回目	7L→3L	9	0	1
	3L→10L	最初の状態に戻るのでパス		
7回目	10L→7L	2	7	1
8回目	7L→3L	2	5	3
9回目	3L→10L	5	5	0

　これより、9回目で、5Lずつに分けられましたので、
正解は肢2となります。

正解 ②

AとBの2人は、10個の碁石を交互に取っていくゲームをしている。一度に1個以上5個以下の範囲で、好きな数だけ碁石を取ることができ、最後に残った碁石を取った方が負けとなる。Aが先手のとき、Aが必ず勝つために初めに取る個数として、正しいのはどれか。 **東京消防庁Ⅲ類 2005**

1. 5個
2. 4個
3. 3個
4. 2個
5. 1個

Aの立場に立ってみましょう。最後の石を取ったら負けですから、最後に1個だけ残して取ることを考えます。つまり、9個目を取れば勝てますね。

ここで、「1個以上5個以下」の範囲で取ることに着目すると、1＋5＝6（個）の碁石であれば、相手がそこからいくつ取っても、その残りを自分が取ることができます。

従って、9個のうち6個を除いて、残る3個を先に取れば、Aは勝てますね。次の図1のような過程になります。

1個しか残さなければ、Bはそれを取るしかないからね。

ナットクいかない方はこちら

相手が1個取ったら残りの5個を、相手が2個取ったら残りの4個を、…、相手が5個取ったら残りの1個を、というように必ず残りを取れるでしょ！

図1

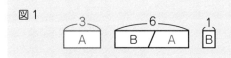

よって、正解は肢3ですが、この考え方を応用すると、碁石の数がもっと多くなっても、その数から1を引いた数を6（取れる範囲の最少の数＋最多の数）で割った余りを取れば、先手は必ず勝つことができます。

また、最後の1個を取ったら勝ちというときは、1個を残す必要はありませんから、総数を「最少＋最多」の数で割った余りを取ればいいでしょう。

つまり、図2のような過程になります。

左から順に取っていくんだよ。

ちょっと補足

たとえば、「1個以上7個以下」なら、1＋7＝8で割ればいいね。

図2

　　　A：先手　　B：後手
　　　n：取れる範囲の最少の数＋最多の数

Ⅰ）最後の1個を取ったら負け

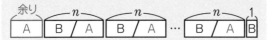

Ⅱ）最後の1個を取ったら勝ち

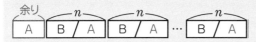

　ただし、個数によっては余りがないかもしれません
が、そのときは後手と立場が逆転し、図3のように
先手は負けることになりますね。

割り切れちゃったときね！

図3

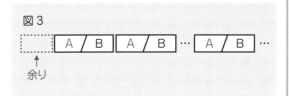

　取れる個数が「○個以上×個以下」という条件の問
題は、たいていこのような計算で求められますので、
パターンを覚えてください。
　ただし、これと異なる条件のときは、この方法は使
えませんので、注意してくださいね。

正解 ③

ワンポイントアドバイス
One Point
Advice

そのときは、自分がこうすると、
相手はどうするかって、普通に
ゲームをするように考えればい
いのさ！
ちなみに、そんな問題は滅多に
ないけどね。

Exercise 61

次の文のア，イに入る数字の組合せとして妥当なのはどれか。

出典▶国家Ⅲ種 2004

図Ⅰのように縦横四つずつ計 16 個のマスにそれぞれ A 〜 P のアルファベットを記したシートがある。これらのアルファベットを次の順に一つずつ塗りつぶしていった。

B→E→( )→D→C→N→( )→I→M→( )→L→A→( )→H→P→O
ただし、( ) には、F，G，J，K のいずれか一つが入る。

このとき、図Ⅱに例示するように縦，横，斜めいずれかの連続する 4 マスが塗りつぶされるのは、最も早い場合で（ア）個目の塗りつぶしであり、最も遅い場合で（イ）個目の塗りつぶしである。

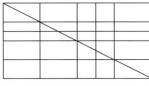

A	B	C	D
E	F	G	H
I	J	K	L
M	N	O	P

図Ⅰ   図Ⅱ

	ア	イ
1.	6	10
2.	7	10
3.	7	12
4.	9	12
5.	9	13

それぞれのアルファベットが、何番目に塗りつぶされたかという数字を、シートに書き込んでみましょう。不明な 4 カ所は空欄にして、図 1 のようになりますね。

ちょっと補足

B→1，E→2，D→4，…という数字を、該当するアルファベットの位置に書き込むんだよ。

図1

12	1	5	4
2			14
8			11
9	6	16	15

　ここで、最も早く1列が塗りつぶされるのは、選択肢のアから推測して、6，7，9個目のいずれかのようですが、6個目の段階では、空欄のいずれか1マスを3個目に塗りつぶしても、1列がそろうことは不可能です。しかし、3個目と7個目にFとJを1つずつ塗りつぶせば、図2のように縦に1列そろいますね。最も早いのは7個目とわかります。

図2

12	1	5	4
2	F		14
8	J		11
9	6	16	15

　そして、最も遅い場合は、肢2，3から10個目か12個目となりますが、10個目の段階で3マスの空欄が塗りつぶされるわけで、ここで1列もそろわないような塗りつぶし方を考えると、図3のような方法が可能です。

3個目、7個目、10個目に塗りつぶす3マスだよ！

図3

12	1	5	4
2	F	G	14
8		K	11
9	6	16	15

　よって、最も遅いのは12個目となり、正解は肢3ですね。

正解 ③

ちょっと補足

図3から11個目を塗りつぶしても、まだそろわないけど、12個目を塗りつぶせば、一番左と一番上の列がそろうよね。

図のように、箱Aが五つのスペースに仕切られており、各スペースを左から順にA[1]～A[5]とする。いま、1～5までの数字が1字ずつ書かれた5枚のカードが図のようにA[1]～A[5]に入っている。

A[1]　A[2]　A[3]　A[4]　A[5]

| 2 | 4 | 5 | 1 | 3 |

ここで、隣接するスペースに入っているカードに書かれた数字の大小を比較し、それらが昇順（数字が小さい順、（例）1 → 2 → 3 → 4 → 5の順）になっていない場合に、入替えを繰り返してカードを並び替える。この方法を用いて、図の5枚のカード全てを左から昇順に並べる手続が下記のとおり示されている。このとき、図の5枚のカード全てを左から昇順に並べ終わるまでに、手続の4行目におけるカードの入替えは何回行われることになるか。

ただし、各手続の先頭に記載されている（ ）付きの数字は行番号である。また、手続中のi及びjは、繰り返しの処理に使われる変数である。

📖 海上保安大学校等 2022

カードを昇順に並べる手続

```
(1)  iを1から4まで1ずつ増やしながら
(2)     jを2から6−iまで1ずつ増やしながら
(3)        もしA［j−1］に入っているカードの数字がA［j］に入っているカードの数字より大きいならば
(4)           A［j−1］に入っているカードとA［j］に入っているカードを入れ替える
(5)        を実行する
(6)     を繰り返す
(7)  を繰り返す
```

1. 3回
2. 4回
3. 5回
4. 6回
5. 7回

本問のような問題は、まず、与えられた「手続」の内容を理解することが主な仕事で、それさえできれば、実際の操作を考えるのは割と簡単なことが多いです。

では、その「手続」を確認しましょう。

まず、（1）で、iを1から4まで1ずつ増やしていき、最後の（7）で「繰り返す」とありますので、はじめにi＝1の場合について（6）までの手続をし、次にi＝2について同様に手続をして、i＝4まで繰り返すということですね。

次に、（2）で、jを2から6－iまで1ずつ増やしていき、（6）で「繰り返す」ので、はじめにj＝2の場合について（5）まで手続をし、同様にj＝6－iまで繰り返すわけです。「j＝6－i」には、その時点でのiの値を代入するわけですね。i＝1の場合は、j＝6－1＝5まで繰り返すということです。

では、ここから、iとjに実際に数字を入れて、（3）〜（5）の手続を考えていきましょう。

まず、i＝1，j＝2の場合について、（3），（4）にj＝2を代入すると、次のようになります。

（3）もし、A[1]に入っているカードの数字がA[2]に入っているカードの数字より大きいならば
（4）A[1]に入っているカードとA[2]に入っているカードを入れ替える

つまり、（5）でこれを実行して、A[1]＜A[2]となるわけですね。

そして、jを1増やして繰り返しますので、次は、j＝3の場合について、同様に代入すると、

（3）もし、A[2]に入っているカードの数字がA[3]に入っているカードの数字より大きいならば
（4）A[2]に入っているカードとA[3]に入っているカードを入れ替える

となり、ここで、A[2]＜A[3]となります。すなわち、この段階で、A[1]からA[3]の中で、最も大きな数字のカードがA[3]に入ることになりますね。

そうすると、これをj＝5まで続けると、5枚のカードの中で最も大きな数字のカードがA[5]に入ることになり、ここで、（2）～（6）の一連の手続が終わったことになります。

　では、次に、iを1増やし、i＝2の場合について同様に手続をしますが、i＝2になると、（2）は、j＝2からj＝4までとなり、この手続を行うと、A[1]からA[4]の中で、最も大きな数字のカードがA[4]に入ることになります。

　すなわち、この段階で、5枚のカードの中で最も大きな数字がA[5]に、次に大きい数字がA[4]に入ることになります。

　そうすると、ここで、大体わかると思いますが、次は、i＝3の場合について同様に手続を行うと、A[1]からA[3]の中で、最も大きな数字がA[3]に入り、i＝4の場合について同様に、A[1]とA[2]のうち、数字の大きいほうがA[2]に入って、これで、A[1]＜A[2]＜A[3]＜A[4]＜A[5]と昇順に並ぶことになります。

　ということで、これで「手続」の内容がわかりましたから、これより、与えられた図のカードを並べかえると、次のようになります。

①A[1]とA[2]を比べる　→　2＜4なので
　入替えなし

②A[2]とA[3]を比べる　→　4＜5なので
　入替えなし

③A[3]とA[4]を比べる　→　5と1を入れ
　替える

A[1]	A[2]	A[3]	A[4]	A[5]
2	4	1	5	3

この「手続」の内容は、見た目は難しそうだけど、実際はそうでもないよね。こういうコンピュータっぽい問題って、国家で最近増えているんだ。
ちなみに、同じ内容をもっと普通に説明してくれている問題も過去に出題されているよ。

④A[4] とA[5] を比べる → 5と3を入れ
替える

A[1]	A[2]	A[3]	A[4]	A[5]
2	4	1	3	5

⑤A[1] とA[2] を比べる → 2＜4なので
入替えなし

⑥A[2] とA[3] を比べる → 4と1を入れ
替える

A[1]	A[2]	A[3]	A[4]	A[5]
2	1	4	3	5

⑦A[3] とA[4] を比べる → 4と3を入れ
替える

A[1]	A[2]	A[3]	A[4]	A[5]
2	1	3	4	5

⑧A[1] とA[2] を比べる → 2と1を入れ
替える

A[1]	A[2]	A[3]	A[4]	A[5]
1	2	3	4	5

　これで、1→2→3→4→5と並びましたので、
入替えは③，④，⑥，⑦，⑧の5回で、正解は肢3
です。

正解③

Exercise 62

　図は、ある計算機の一連の処理を示したものである。この計算機は、複数の数値を記憶できる記憶領域を持ち、その中に数値が格納され、その数値に対して四則演算が行われることによって複雑な計算を行うことができる。

　一連の数値の計算は、数値を記憶領域へ入力する処理と、記憶領域にある数値に対する演算処理から構成される。数値を記憶領域へ入力する処理は、記憶領域のCに値を入力して行い、それ以前に記憶領域に数値が存在する場合は、それらの数値がそれぞれ一つ上の記憶領域に移動する。記憶領域にある数値に対する演算処理は、Bにある数値とCにある数値に対して四則演算のいずれかを行う。この演算結果はCに格納され、Aに格納されていた数値はBに移動する。

　図の①〜⑨は、上記の規則に従って、

$$(12 + 34 - 5) \times (10 \div 5) = 82$$

の計算の一連の処理を示したものであり、この計算における処理手順を

$$12 , 34 , \boxed{+} , 5 , \boxed{-} , 10 , 5 , \boxed{\div} , \boxed{\times}$$

と表現するものとする。また、$\boxed{\text{push}}$ は記憶領域に数値を入力する処理を指すものとする。

入力	記憶領域	入力	記憶領域	入力	記憶領域
① 12 push	A B C 12	④ 5 push	A B 46 C 5	⑦ 5 push	A 41 B 10 C 5
② 34 push	A B 12 C 34	⑤ −	A B C 41	⑧ ÷	A B 41 C 2
③ +	A B C 46	⑥ 10 push	A B 41 C 10	⑨ ×	A B C 82

　この場合、次の処理手順で表現される計算を、この計算機を用いて行ったときに得られる値はいくらか。

出典▶入国警備官等 2021

$$2 , 4 , 5 , \boxed{\times} , \boxed{+} , 7 , \boxed{-} , 3 , \boxed{\div}$$

1. 1
2. 3
3. 5
4. 7
5. 9

本問も、まずは計算機の処理のルールを理解することが主な仕事ですが、要約すると、次のようになりますね。

> push で数字がCに入る
> → その前にある数字は順に上へ移動
> 演算処理を行う
> → BとCに対して四則演算 → Cに入る

これに従って、与えられた計算を処理すると、次のようになります。

① 2 push → C = 2
② 4 push → C = 4，B = 2
③ 5 push → C = 5，B = 4，A = 2
④ × → C = 4 × 5 = 20，B = 2
⑤ + → C = 2 + 20 = 22
⑥ 7 push → C = 7，B = 22
⑦ − → C = 22 − 7 = 15
⑧ 3 push → C = 3，B = 15
⑨ ÷ → C = 15 ÷ 3 = 5

よって、得られる数字は5となり、正解は肢3です。

正解 ③

ちょっと補足

「−」や「÷」は、問題の例から、「B − C」「B ÷ C」と計算するようだね。

MEMO

10 その他の推理 ➡ 鍛えよ！

重要度

ガイダンス 🧭

★その他のいろいろな推理問題です。多くの問題を経験して、応用力を鍛えてください。

★個々の出題頻度は低いですが、全部まとめるとそこそこの量にはなりますね。

パターン 33

西暦 2000 年から 2099 年までのうち、1 月 1 日が日曜日である年の 3 年後の 4 月 1 日の曜日として、正しいのはどれか。　📖東京都Ⅲ類 2004

1. 月曜日
2. 火曜日
3. 水曜日
4. 木曜日
5. 金曜日

1 月 1 日から見て、3 年後の 4 月 1 日が何日後かを調べて、7 で割ればわかりますね。

まず 3 年後の 1 月 1 日は、この 3 年間が通常の年であれば、365 日× 3 ＝ 1095（日後）です。

そして、1 月 1 日から見て 4 月 1 日は、通常の年であれば、31 ＋ 28 ＋ 31 ＝ 90（日後）です。

しかし、この 3 年 3 カ月の間には、2 月が 4 回あることになりますので、そのうちの 1 回はうるう年のため、29 日まであります。

これより、もう 1 日多くなり、1095 ＋ 90 ＋ 1 ＝ 1186（日後）となりますね。

よって、1186 ÷ 7 ＝ 169 余り 3 より、169 週と 3 日後ですから、日曜日から 3 日後なので、水曜日とわかります。

正解は肢 3 ですね。

> ちょっと補足
>
> 1 週間は 7 日だから、ある日曜日から 7 の倍数（日後）は同じ日曜日で、7 の倍数＋ 1（日後）なら、月曜日…とわかるよね。

> ちょっと補足
>
> 1 カ月の日数は、1，3，5，7，8，10，12 月は 31 日（大の月）。4，6，9，11 月は 30 日、2 月は 28 日（小の月）だよ。

正解 ③ ✏️

Exercise 63

A〜Dの4人は同じスポーツジムに通っている。4月10日（月）にA〜Dの4人がスポーツジムで顔を合わせた。それぞれのスポーツジムに通うペースが以下のようになっているとき、4人が6回目（4月10日を除く）に顔を合わせる日付として、最も妥当なのはどれか。　📖警視庁Ⅲ類 2017

A　1日おきに通っている。
B　月曜日，水曜日，金曜日に通っている。
C　2日おきに通っている。
D　月曜日，火曜日，金曜日に通っている。

1. 7月26日
2. 7月27日
3. 8月13日
4. 8月14日
5. 8月15日

BとDに共通するのは月曜日と金曜日ですから、AとCの曜日のサイクルを調べて、月曜日か金曜日で一致する日を探します。

まず、Aについて、ある週の月曜日から1日おきに通った場合のサイクルは次のようになります。

月	火	水	木	金	土	日
○		○		○		○
	○		○		○	
○		○		○		○

これより、Aは4月10日の週を1週目とすると、1週目、3週目、5週目、7週目…と、隔週で月水金に通うことがわかります。

同様に、Cについては次のようになります。

Aは2週間で1サイクルだね！

月	火	水	木	金	土	日
○			○			○
		○		○		
	○			○		
○			○		○	
		○		○		

　Cについては、4週目で1週目と同じ曜日に戻りますので、月曜日に通うのは1週目、4週目、7週目…となります。

——Cは3週間で1サイクルだ！

　これより、AとCが4月10日の次に月曜日に顔を合わせるのは、7週目の月曜日、つまり、6週間後で、その後も6週間ごとに月曜日に顔を合わせることになります。

——2週間と3週間の公倍数ってことだね。

　また、Cが金曜日に通うのは、3週目、6週目、9週目…で、Aと顔を合わせるのは、最初が3週目で、あとは同様に6週間ごとになります。

　以上より、4人が顔を合わせる日を整理すると、次のようになります。

1回目	3週目の金曜日
2回目	7週目の月曜日
3回目	9週目の金曜日
4回目	13週目の月曜日
5回目	15週目の金曜日
6回目	19週目の月曜日

　よって、求める日付は19週目の月曜日ですから、4月10日からちょうど18週間後となります。
　では、18週間＝7×18＝126日（後）の日付ですが、126日は4カ月ちょっとですから、8月10日より少し後ですね。まず、8月10日が何日後に当たるかを数えましょう。1カ月がちょうど30日であれば、4カ月後は120日後ですが、この間には、5月31日、7月31日という「大の月」の末日が含まれます。ですから、8月10日は122日後に当たり、

ちょっと補足

4月10日の週を「1週目」として数えたからね。ここを間違えないように！

ここで
選択肢を斬る！

肢3，4，5のどれかだね。

ちょっと補足

大の月は31まであるから、この末日の「31日」がその間に何日含まれるかを数えて、「30日×月数」に足すんだ。逆に、2月は30日より2日（うるう年は1日）少ないから、引くのを忘れないで！

126日後まではもう4日ありますので、8月14日と
わかります。

　よって、正解は肢4です。

正解 ④

　A～Eの5人を、図のように、Aを先頭にしてEが最後尾に来るように、階段
上に一列に並ばせ、青色の帽子2個、赤色の帽子2個、黄色の帽子2個のうちか
ら任意に1個ずつ帽子を被せた。5人は、それぞれの色の帽子の数は知っているが、
自分の帽子の色と誰にも被せずに残った1個の帽子の色は知らない。

　また、5人は、自分より前に並んでいる者の帽子の色は見えるが、自分より後
ろに並んでいる者の帽子の色は見えない。例えば、CはAとBの帽子の色は見え
るが、DとEの帽子の色は見えない。

　いま、自分の帽子の色について E，D，C の順に尋ねたところ、次のとおりで
あった。

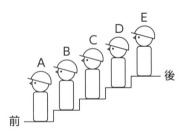

　ア　Eは、「自分の帽子の色は分から
　　　ない。」と発言した。
　イ　Dは、Eの発言を踏まえて、「自
　　　分の帽子の色は青色である。」と
　　　発言した。
　ウ　Cは、DとEの発言を踏まえて、
　　　「自分の帽子の色は分からない。」
　　　と発言した。

　このとき、確実にいえるのはどれか。

　ただし、各人の発言は、他の4人にも聞こえるものとし、他の者はその発言を
参考にすることができるものとする。　　　　　　　　　　　　　入国警備官等 2018

1．Aは、自分の帽子の色が分かる。
2．Bは、自分の帽子の色が分かる。
3．Dは、誰にも被せずに残った帽子の色が分かる。
4．A，B，Cの帽子の色は、全て異なる。
5．A～Dの帽子の色は、2色である。

条件アより、一番後ろのEが「自分の帽子の色はわからない」と発言したことについて考えます。Eは、A～Dの帽子が見えていますので、この情報から、Eが自分の帽子の色を「わかる」としたら、どのような場合でしょうか？　たとえば、4人の帽子が（赤，赤，青，黄）なら、自分の帽子は青か黄ですね。（赤，青，青，黄）なら、赤か黄で、いずれも特定できません。しかし、（赤，赤，青，青）なら、自分の帽子は黄とわかります。

　つまり、前の4人の帽子が2色で2人ずつであれば、残る帽子の色は1つに決まり、自分の帽子の色がわかるわけですが、3色で（2人，1人，1人）の場合は、残る帽子の色が2つあるのでわからないことになります。すなわち、Eの場合は後者だったわけですね（表1）。

表1

A	B	C	D	E
3色で（2人，1人，1人）				?

　これより、A～Dの4人は、Eの発言から、自分たちの帽子は3色で（2人，1人，1人）であるという情報を得たことになり、その上で、条件イより、Dは「自分の帽子は青である」とわかったわけです。Dは、A～Cの帽子が見えていますので、ここからそのように判断できる場合を考えると、前の3人の帽子は赤と黄のみであったとわかります（表2）。

表2

A	B	C	D	E
赤,黄の2色で（2人,1人）			青	?

　そして、この状況で、条件ウより、Cは「自分の帽子の色はわからない」と発言したわけですが、Cは、AとBの帽子が見えていますので、AとBが（赤，赤）なら自分は黄、（黄，黄）なら自分は赤とわかったはずです。

しかし、そうではなかったわけですから、AとBは赤と黄が1人ずつであったことになりますね（表3）。

ちょっと補足

Bが自分の帽子の色を言ってくれたらわかるけど、そうじゃないとわからないよね。

表3

A	B	C	D	E
赤, 黄が1人ずつ	赤 or 黄	青	?	

ここまでで、AとBは、自分たちは赤と黄が1人ずつであるという情報を得たことになります。そうすると、Bは、Aの帽子が見えていますので、自分の帽子の色がわかりますが、Aにはわかりませんね。

これより、正解は肢2となります。

正解②

ちょっと補足

肢3は、Eの帽子がわからないと、Dに残った帽子の判断はできないからね。

Exercise 64

赤いカードが3枚、青いカードが2枚ある。1枚ずつ封筒に入れ、その封筒を、A〜Eの5人に1通ずつ渡した。各人は、他の4人がそれぞれ何色のカードをもらったかは分からない。そこで、初めにAとBが持っているカードを見せ合ったが、2人とも他の3人のカードの色は分からなかった。次に、CとDが見せ合ったが、同様に分からなかった。さらに、BとCが見せ合ったところ、2人とも他の3人が持っているカードの色が同時に分かった。

以上のことから、5人の持っているカードの色について、確実にいえるのはどれか。

刑務官 2005

1．Aは赤で、Bは青である。
2．Aは青で、Eは赤である。
3．Bは青で、Cは赤である。
4．Cは赤で、Dは青である。
5．Dは青で、Eは赤である。

カードは、赤が3枚、青が2枚ですから、2人のカードの色から、他の3人のカードの色を考えると、次のように分けられます。

	２人のカード		他の３人のカード
①	（赤，赤）	⇒	（赤，青，青）
②	（赤，青）	⇒	（赤，赤，青）
③	（青，青）	⇒	（赤，赤，赤）

①，②の場合は、他の３人のうち、誰が何色を持っているかはわかりませんが、③は３人とも赤とわかりますね。

従って、ＡとＢ、ＣとＤのカードは①，②のいずれかとなります。

そして、ＢとＣが見せ合って、ここで２人とも他の３人のカードがわかったということは、ＢとＣは③であったと考えるのが適当です。

ところが、この時点では、Ｂは自分とＡとＣ、Ｃは自分とＢとＤのそれぞれ３人のカードがわかっていますので、「３人とも赤」、または「自分以外の２人が青」の場合でも、残る２人の色がわかります。

しかし、仮にＡ，Ｂ，Ｃの３人が赤で、Ｄ，Ｅが青であったとして、Ｂにはわかるかもしれませんが、Ｃにはわかりませんね。また、Ａ，Ｃが青で、Ｂ，Ｄ，Ｅが赤の場合も、Ｂにはわかりますが、Ｃにはわかりません。

従って、ＢとＣが同時にわかるためには、青のカードを持った２人が同時にわかる必要があり、ＢとＣの２人が青を持っていた以外に考えられません。

よって、ＢとＣが青、Ａ，Ｄ，Ｅが赤と決まり、正解は肢１です。

正解 ①

ワンポイントアドバイス
One Point Advice

青は２枚しかないから、２人とも青なら、他は赤だよね。
本問も、「わからない場合」より「わかる場合」のほうを考えるんだよ。

ナットクいかない方はこちら

Ｃが知ってるのは、Ｂ，Ｃ，Ｄのカードで、残る２枚は赤と青だから、ＡとＥのどちらが赤か青かわかんないでしょ！ ？

　A〜Ｉの9人が立候補したある選挙で、投票者はそれぞれ4人に投票し、4人の当選者を決定した。

　いま、投票者の中のある5人が、誰に投票して、うち何人が当選したかが次のように分かっているとき、確実にいえるのはどれか。

⚑ 海上保安大学校等 2018

　　ア　Ａ，Ｂ，Ｃ，Ｄに投票して、うち2人が当選した。
　　イ　Ｂ，Ｄ，Ｅ，Ｉに投票して、うち1人が当選した。
　　ウ　Ｂ，Ｄ，Ｇ，Ｈに投票して、うち1人が当選した。
　　エ　Ｃ，Ｅ，Ｆ，Ｉに投票して、うち2人が当選した。
　　オ　Ｄ，Ｅ，Ｆ，Ｈに投票して、うち2人が当選した。

　1．Ｂは当選した。
　2．Ｃは落選した。
　3．Ｄは当選した。
　4．Ｅは落選した。
　5．Ｆは落選した。

　誰が当選したか仮定してみましょう。条件アの4人のうち、当選したのは2人ですが、4人から2人を選ぶ方法は6通りありますね。そうすると、条件イ、ウのほうが、4人のうち1人ですから、4通りで済みますので、今回は条件イの4人で場合分けしていきましょう。

Ｉ）Ｂが当選した場合

　条件イの4人のうち、Ｄ，Ｅ，Ｉが落選で、条件ウの4人のうち、Ｄ，Ｇ，Ｈが落選となりますので、当選に〇、落選に×を記入すると図1のようになります。

ちょっと補足

数的推理で出てくる組合せの公式を使うよ。

$$_4C_2 = \frac{4 \times 3}{2 \times 1} = 6 \ (通り)$$

図1

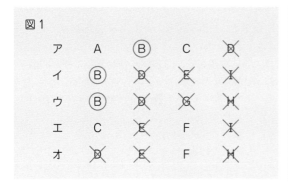

　図1より、条件オの4人のうち3人が落選となり、条件を満たしません。これより、Bは落選に確定します。

Ⅱ）Dが当選した場合

　同様に、条件イ，ウより、E，I，G，Hが落選となり、条件エ，オより、C，Fが当選となります。そうすると、条件アより、Aは落選となり、図2のように、各条件の当選人数は満たしていますね。

図2

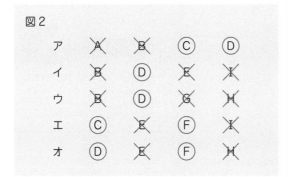

　しかし、この場合、当選したのは、C，D，Fの3人だけとなり、やはり、条件を満たしません。

　これより、Dの落選も確定となり、ここまででBとDの落選が確定しましたから、条件アより、AとCの当選も確定します。

Ⅲ）Eが当選した場合

　条件イより、Iは落選となります。また、条件エの4人のうち、CとEが当選となりますので、Fも落選

当選したのは4人って条件を見落とさないようにね！

ここで選択肢を斬る！

ここまでで、肢1〜3が消去できるね！

となります。そうすると、条件オの4人のうち、D
とFが落選ですから、Hは当選となり、条件ウより、
Gが落選で、図3のようになります。

図3

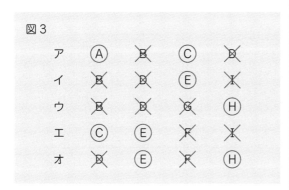

　この場合は、当選したのはA，C，E，Hの4人で、
成立しますね。

Ⅳ）Ｉが当選した場合

　この場合は、条件イより、Eは落選ですね。また、
条件エの4人のうち、CとIが当選ですから、Fが
落選となり、図4のようになります。

図4

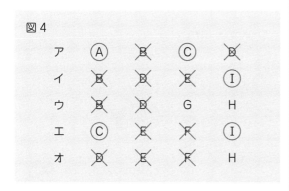

　図4から、条件オを満たさないとわかりますね。

　以上より、成立したのは図3のみで、ここから、
正解は肢5となります。

正解

　A～Eの5人が1問20点、全5問の○×式試験を受けた。

　表は各人の解答内容と得点を示したものである。この試験の第1問，第3問，第5問の正答の組合せとして正しいのはどれか。　**出典国家Ⅲ種1997**

	1問	2問	3問	4問	5問	得点
A	○	×	×	○	×	60
B	○	×	○	○	○	60
C	○	○	×	○	×	40
D	×	○	×	○	×	60
E	○	×	×	×	○	60

	1問	3問	5問
1.	○	×	×
2.	×	○	○
3.	○	×	○
4.	×	×	○
5.	×	○	×

　得点よりA～Eの正答数は、Cが2問で、他の4人は3問とわかりますね。

　ここで、3問正解した4人の解答で、あまり一致していない2人に着目します。

　まずBとDを見てください。この2人は第4問以外まったく違う解答をしており、その場合はどちらか1人だけが正解です。すなわち、この4問で2人の正答数は4問となるわけですが、この2人は合計で6問の正答があるわけですから、第4問は2人とも正解していることになり、この問題の正答は「○」とわかります。

ここがポイント！

2人とも3問ずつ正解しているからね！

　また、DとEについても同様に、第3問以外は解答が違いますので、第3問は2人とも正解で、この問題の正答は「×」です。

　第3問と第4問の正解の部分に色をつけてみましょう。表1のようになりますね。

表1

	1問	2問	3問	4問	5問	得点
A	○	×	×	○	×	60
B	○	×	○	○	○	60
C	○	○	×	○	×	40
D	×	○	×	○	×	60
E	○	×	×	×	○	60

　これより、Cの正解した2問は、第3問と第4問であり、残る3問は不正解となりますので、第1問, 第2問の正答は「×」、第5問の正答は「○」であることがわかり、表2のように確認できますね。

表2

	1問	2問	3問	4問	5問	得点
A	○	×	×	○	×	60
B	○	×	○	○	○	60
C	○	○	×	○	×	40
D	×	○	×	○	×	60
E	○	×	×	×	○	60

　従って、正解は肢4となります。

正解 ④

A～Dの4人がそれぞれ4個のプレゼントを所持しており、次のルールでプレゼントの受渡しを行った。

[ルール]

- 1回目はAとB、2回目はBとC、その後は順次、CとD，DとA，AとB，BとC，CとD，DとA，AとB，…の順でプレゼントの受渡しを繰り返す。
- それぞれの受渡しでは、どちらか一方がもう一方に1個のプレゼントを渡す。
- 4人のうち、いずれかの者の所持するプレゼントの数が、<u>0個</u>又は<u>7個</u>になった時点で、プレゼントの受渡しは終了する。

次のことが分かっているとき、確実にいえるのはどれか。

🏫 海上保安大学校等 2022

ア　1回目の受渡しで、BがAにプレゼントを渡した。
イ　2回目の受渡しで、BがCにプレゼントを渡した。
ウ　3回目の受渡しで、DがCにプレゼントを渡した。
エ　4回目の受渡しで、AがDにプレゼントを渡した。
オ　6回目の受渡しで、CがBにプレゼントを渡した。
カ　9回目の受渡し後に、プレゼントの受渡しが終了した。

1. 5回目の受渡しでは、AがBにプレゼントを渡した。
2. 8回目の受渡しでは、DがAにプレゼントを渡した。
3. 9回目のプレゼントの受渡し終了時までの間に、Aが渡したプレゼントは2個であった。
4. 9回目のプレゼントの受渡し後、Bの所持するプレゼントはなくなった。
5. 9回目のプレゼントの受渡し終了時には、Cは、5個のプレゼントを所持していた。

　条件より、1～9回目の受渡しを図1のように①～⑨とし、受渡しの方向がわかる部分は矢印で示します。

図1

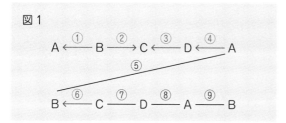

　この時点でわかることを反映させた各人のプレゼントの個数を計算すると、次のようになります。

A　①で受け取り、④で渡す　→　4＋1－1＝4
B　①、②で渡し、⑥で受け取る　→　4－2＋1＝3
C　②、③で受け取り、⑥で渡す　→　4＋2－1＝5
D　③で渡し、④で受け取る　→　4－1＋1＝4

　残る⑤、⑦、⑧、⑨について、最後は⑨でAかBのいずれかが0個または7個になって終了したので、そのような方法を考えます。
　そうすると、Bについては、⑤と⑨の2回の受渡しで0個または7個になることはありませんが、Aについては、⑤、⑧、⑨の3回の受渡しで、いずれもプレゼントを受け取っていれば、4＋3＝7（個）となり、終了することになります。
　よって、⑦については不明ですが、残る受渡しについては、図2のような受渡しであったとわかります。

ちょっと補足

Cは⑦で受け取ったら6個、渡したら4個になるので、肢5は誤りだよ。

図2

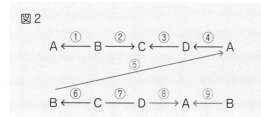

　よって、正解は肢2です。

正解 ②

Exercise 66

　　3組の夫婦6人がパーティに出席した。そのとき握手した相手とその人数について以下のことがわかっているとき、Aの配偶者が握手した人数として、最も妥当なのはどれか。　　　　　　　　　　　　　　　　　　　　　　　警視庁Ⅲ類 2021

　ア　自分の配偶者とは握手をしない。
　イ　Aが自分以外の5人に対して握手した人数を尋ねたところ、5人はそれぞれ異なる人数を答えた。

1．0人
2．1人
3．2人
4．3人
5．4人

　　条件アより、自分の配偶者とは握手をしないので、握手した人数は最多で4人ですから、条件イより、A以外の5人が握手した人数は、4人，3人，2人，1人，0人が1人ずつとなります。

　　まず、握手をしたのが「4人」の人は、「0人」の人以外の全員と握手をしていますので、Aとも握手をしていますから、Aの配偶者ではありませんね。

　　これより、「4人」の人をBとすると、Bが唯一握手をしていない「0人」の人はBの配偶者とわかり、B´とします（図1）。

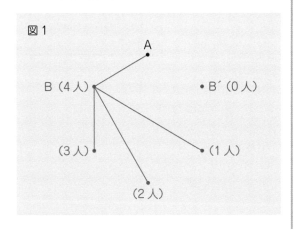

図1

そうすると、「1人」の人が握手をしたのはBだけですから、B以外の人とは握手をしていませんので、「3人」の人は、B´と「1人」の人を除く3人と握手をしており、やはり、Aとも握手をしていますから、Aの配偶者ではありません。

　これより、「3人」の人をCとすると、CがB´以外で握手をしていない「1人」の人が、Cの配偶者とわかり、C´とします。

　よって、残る「2人」の人がAの配偶者（A´）とわかり、図2のようになります。

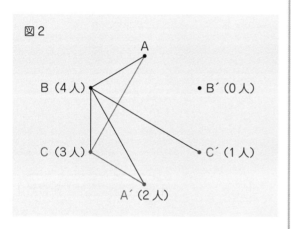

図2

B（4人）　　　　　　・B´（0人）
A
C（3人）　　　　　・C´（1人）
A´（2人）

　これより、Aの配偶者が握手した人数は2人で、正解は肢3です。

正解③

パターン 37

両面が同じ色に塗られたカードが、赤色３枚、青色２枚、黄色１枚の計６枚ある。各カードの表面にはＡ～Ｆの異なるいずれかの文字が、裏面には１～６の異なるいずれかの数字が書かれている。次のことが分かっているとき、赤色のカードの裏面に書かれている数字の和はいくらか。　　　　　　　　　　　　　　🏛国家一般職 2012

　　ア　表面の文字がＡ，Ｂ，Ｃの３枚のカードのうち、赤色は２枚、黄色は１枚であり、また、その裏面の数字は１，２，５のいずれかである。
　　イ　表面の文字がＢ，Ｃ，Ｄの３枚のカードのうち、赤色は１枚、青色は１枚、黄色は１枚であり、また、その裏面の数字は２，４，５のいずれかである。
　　ウ　表面の文字がＣ，Ｄ，Ｅの３枚のカードのうち、赤色は２枚、青色は１枚であり、また、その裏面の数字は４，５，６のいずれかである。

1. 8
2. 9
3. 10
4. 11
5. 12

条件アの（Ａ，Ｂ，Ｃ）と条件イの（Ｂ，Ｃ，Ｄ）には、ＢとＣが共通していますね。それぞれの色についてみると、（Ａ，Ｂ，Ｃ）は赤２枚と黄１枚、（Ｂ，Ｃ，Ｄ）には赤，青，黄が各１枚ですから、共通する赤と黄がＢとＣのいずれかで、ここから、Ａは赤、Ｄは青とわかります。また、裏面の数字も、条件ア，イに共通する２と５がＢとＣのいずれかで、Ａは１、Ｄは４とわかり、ここまでを、表１のように整理します。

表1

	A	B	C	D	E	F
色	赤	赤と黄		青		
裏の数字	1	2と5		4		

同様に、条件イの（Ｂ，Ｃ，Ｄ）と条件ウの（Ｃ，Ｄ，Ｅ）には、ＣとＤが共通していますので、色について、共通する赤と青がＣとＤのいずれかですから、Ｃは赤で、Ｂは黄、そして、Ｅは赤とわかります。また、裏

の数字も同様に、4と5がCとDのいずれかですから、Cは5、Bは2、Eは6とわかり、表2を得ます。

表2

	A	B	C	D	E	F
色	赤	黄	赤	青	赤	
裏の数字	1	2	5	4	6	

表2より、残るFの色は青で、裏の数字は3となり、表3のように完成します。

表3

	A	B	C	D	E	F
色	赤	黄	赤	青	赤	青
裏の数字	1	2	5	4	6	3

よって、赤のカードはA，C，Eの3枚で、裏の数字の和は、1＋5＋6＝12となり、正解は肢5です。

正解 ⑤

ここで
選択肢を斬る！

赤のカード3枚がわかったから、ここで肢5が正解！

ある高校で卓球のダブルスの試合が開催され、A～Dの4人は、それぞれE～
Hの4人のうちの異なる1人とペアを組んで参加した。次のことが分かっている
とき、確実にいえるのはどれか。　　　　　　　　　　　　　　　刑務官 2018

ア　A，C，Eは1年生である。また、AとEはクラスが異なる。
イ　D，Gは、同じクラスの2年生である。
ウ　Eとペアを組んだ者は、2年生である。
エ　Fとペアを組んだ者は、3年生である。
オ　Gとペアを組んだ者は、Eと同じクラスである。

1．AとH、BとFはそれぞれペアを組んだ。
2．AとG、CとEはそれぞれペアを組んだ。
3．BとH、CとGはそれぞれペアを組んだ。
4．BとF、DとGはそれぞれペアを組んだ。
5．CとH、DとEはそれぞれペアを組んだ。

　まず、条件ア，イから、学年とクラスの情報を整理
します。条件アより、AとEは同じ1年生ですが、
クラスが異なるので、それぞれX組、Y組とします。
また、条件イより、DとGは2年X組として、表1
のようにまとめます。

表1

A	B	C	D	E	F	G	H
1-X		1	2-X	1-Y		2-X	

　これより、A～Dの4人のうちの3人は1，2年
生となりますので、条件エより、Fがペアを組んだ3
年生はBとわかります。
　そうすると、条件ウ，オより、Eとペアを組んだ2
年生はDで、Gとペアを組んだのは、Eと同じ1年
Y組の生徒ですから、AではなくCとなり、残るAと
Hがペアを組んだとわかります。
　これより、表1にペアを組んだ相手の情報を下に
加えると、表2のようになります。

表2

A	B	C	D	E	F	G	H
1−X	3	1−Y	2−X	1−Y		2−X	
H	F	G	E	D	B	C	A

よって、正解は肢1です。

正解

A～Jの10人が徒歩かバスのどちらか1つの移動手段を選び、駅へ向かった。今、10人のうち、バスに乗車した人数について、次のア～ウのことが分かっているとき、確実にいえるのはどれか。　**特別区Ⅲ類 2018**

ア　全員で8人が乗車した。
イ　A，B，C，Dの中で乗車した人数と、E，F，G，Hの中で乗車した人数は同数であった。
ウ　A，B，C，Iの中で乗車した人数は、D，F，G，Jの中で乗車した人数より少なかった。

1．Eは徒歩であった。
2．Fはバスであった。
3．Gは徒歩であった。
4．Hはバスであった。
5．IとJは違う移動手段を選んだ。

条件アより、バスに乗車したのは8人ですから、徒歩は2人だけですね。では、条件イ，ウについて、4人ずつのグループで、バスの人数の大小関係を次のように表します。

イ　（A，B，C，D）＝（E，F，G，H）…①
ウ　（A，B，C，I）＜（D，F，G，J）…②

①，②それぞれの8人のうち、徒歩は多くても2人ですから、少なくとも6人はバスに乗車していま

す。そうすると、①では、左右それぞれに3人、または4人のいずれかとなりますね。

しかし、4人ずつの場合、A～Hの8人がバスで、残るIとJが徒歩となりますが、これでは、②の左右それぞれの3人ずつがバスとなり、条件ウに反します。

よって、①は左右で3人ずつがバス、1人ずつが徒歩となり、残るIとJはバスとわかります。

これより、②の左の4人について、A、B、Cのうち少なくとも2人はバスですから、Iを含めて3人以上がバスとなります。ということは、右の4人は全員がバスで、左のほうは3人がバスとなり、次のようにわかります。

ちょっと補足

左はI以外の3人、右はJ以外の3人が乗車したことになるよね。

①の左に徒歩は1人だからね。

> バスに確定 → D, F, G, I, J
> 徒歩 → (A, B, C) のうち1人
> 　　　 (E, H) のうち1人

ちょっと補足

①の右の4人のうち、②の右にいないEとHのどちらかが徒歩だったことになるね。

これより、選択肢を検討すると、肢1と4は可能性はありますが確実にはいえず、正解は肢2となります。

正解 ②

異なる四つのチャンネルにおいてA〜Dの野球の試合がそれぞれテレビ中継されることになっている。各試合の中継開始時刻と放映時間は表のとおりである。

いま、これらの4試合についてビデオ2台を使って最大限長時間録画しようとしたとき、録画することの<u>不可能な部分の時間</u>を合計するとどれだけになるか。

出典 国家Ⅲ種 2002

試合	中継開始時刻	放映時間
A	18:00	3:00
B	18:30	3:30
C	20:45	2:45
D	21:30	3:00

1. 30分
2. 45分
3. 1時間
4. 1時間15分
5. 1時間30分

A〜D試合の放映時間のタイムテーブルを、図に表してみましょう。図1のようになりますね。

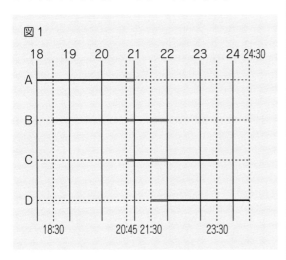

図1

図1でわかるように、20:45〜21:00の15分間と、21:30〜22:00の30分間の、合計45分間は3試

合の放映が重なりますので、いずれか1試合は録画が不可能となります。

　しかし、それ以外は2試合までの放映ですから、2台のビデオを使って、録画することは可能でしょう。

　たとえば、図2のように録画できますね。

図2

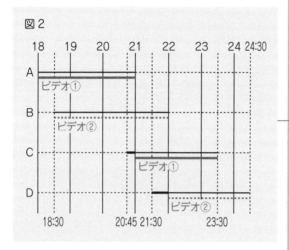

　よって、録画不可能なのは、45分間とわかり、正解は肢2です。

正解②

不可能なのは1試合だけね！もし4試合重なったら、2試合が不可能だから、2試合分で考えてね。

ビデオ①は20:45〜21:00にAからCへ、ビデオ②は21:30〜22:00にBからDに変更すればOK！
もちろん、他の方法もあるよ！

Exercise 69

ある企業では、A～Dの4台のコンピュータを使い分け、24時間体制で常時2台稼働させている。次のことが分かっているとき、確実にいえるのはどれか。

入国警備官等 2017

ア　各コンピュータは、1回につき6時間の稼働を24時間で2回行っている。また、各コンピュータは、稼働が終了した後、次の稼働までの間に何時間か休止する。

イ　Aが午前10時に稼働を終了すると同時に、Cが稼働を開始する。

ウ　Bは、午前8時に稼働を終了し、その後、午後4時に次の稼働を開始する。

エ　Dは、午後2時に稼働を終了し、その後、午後8時に次の稼働を開始する。

1．Aが稼働中の時間は、午前4時～午前10時、午後2時～午後8時である。

2．Cが稼働中の時間は、午前0時～午前6時、午前10時～午後4時である。

3．24時間の中で、BとCが共に稼働中の時間は、4時間である。

4．24時間の中で、BとDが共に稼働中の時間は、6時間である。

5．24時間の中で、CとDが共に稼働中の時間は、2時間である。

　条件ア，イより、各コンピュータは1回につき6時間稼働しますので、Aの1回は、午前4時から10時までで、Cの1回は、午前10時から午後4時までとわかります。

　同様に、条件ウより、Bは、午前2時から8時までと、午後4時から10時までとなり、条件エより、Dは、午前8時から午後2時までと、午後8時から午前2時までとなり、これらを図1のようにまとめます。

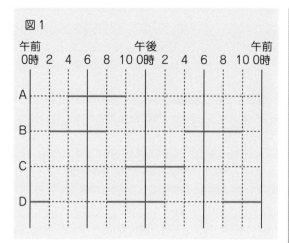

図1

　条件より、常時2台が稼働していますので、図1で稼働しているのが1台のみの時間を探すと、午後2時から8時と午後10時から午前4時とわかります。この2回は、まだ1回分しか示されていないAとCが1回ずつ稼働したわけですが、図1の段階で、Cは午後2時から4時はすでに稼働していますので、午後2時から8時はA、午後10時から午前4時はCが稼働し、図2のようにわかります。

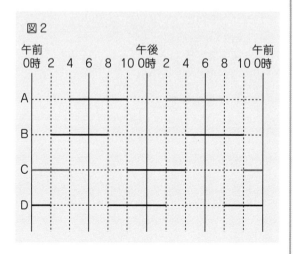

図2

　これより、正解は肢1です。

Exercise 70

　表は、図のような 10 個の駅から成り両方向に電車を運転させている環状線において、A駅から各駅までの所要時間を示したものである。各駅とも両隣の駅までの所要時間はすべて 2 分又は 3 分である。次のうち所要時間が最も短いのはどれか。

　ただし、A駅からの所要時間はより短い経路での時間を示したものであり、同一区間であれば、所要時間は両方向とも同じであるものとする。

国家Ⅲ種 2003

駅名	A駅からの所要時間
B	8 分
C	9 分
D	2 分
E	11 分
F	5 分
G	3 分
H	6 分
I	12 分
J	10 分

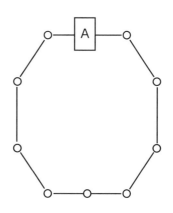

1．B駅からH駅まで
2．C駅からF駅まで
3．D駅からI駅まで
4．D駅からE駅まで
5．G駅からJ駅まで

A以外の各駅を図1のように、①～⑨とします。

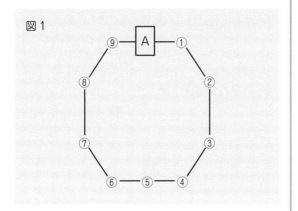

図1

隣り合う駅間の所要時間は2分または3分なので、D駅とG駅がA駅の両隣りの駅とわかります。本問では方向を区別する必要はないので、①をD駅、⑨をG駅としましょう。

そうすると、D駅から2分または3分で到着する②は、A駅から4分または5分ですからF駅となり、G駅の隣りの⑧は、A駅から5分または6分なのでH駅とわかります。

同様に、F駅の隣りの③は、A駅から7分または8分なのでB駅、H駅の隣りの⑦はC駅となりますね。

残る3駅ですが、A駅から⑤までは、④か⑥のいずれかを経由して来るわけですが、⑥を経由する場合、C駅から2駅目なので最短でも4分かかり、A駅から13分はかかることになります。しかし、そのような駅は表にはありませんので、⑤は④を経由するほうが時間が短く、B駅から最短で4分かかることから、I駅が⑤で、J駅が④、残る⑥がE駅となります。

よって、図2のようになりますが、A駅からI駅の反対回り（E駅経由）の所要時間は不明ですので、EI間の所要時間は2分または3分のいずれかとなります。

チェンジしてもOKってことだよ！

ちょっと補足

ある駅までの所要時間に、2分または3分を順次足していけば、次の駅がわかるよね。

ナットクいかない方はこちら

Cのほうからでも来れるけど、Bのほうから来たほうが短いから、表にはこっちが書かれてるってこと！

図2

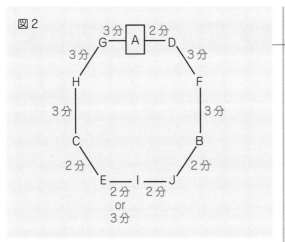

これと左右対称でも OK！

これより、各肢の所要時間を検討すると次のように
なりますね。

肢1　J 駅経由で 11 or 12 分、F 駅経由で 14 分

肢2　H 駅経由で 14 分、E 駅経由で 11 or 12 分

肢3　F 駅経由で 10 分、A 駅経由で 15 or 16 分

肢4　F 駅経由で 12 or 13 分、A 駅経由で 13 分

肢5　A 駅経由で 13 分、H 駅経由で 12 or 13 分

これより、最も短いのは肢 3 の 10 分となります。

正解 ③

ワンポイントアドバイス
One Point Advice

1 周に 25 分または 26 分なの
で、片方（ラクなほう）を計算
して、引けば反対回りの時間も
出るね！

平面図形 ➡ 選択肢を消去せよ！

重要度

ガイダンス

★平面図形を分割したり、その構成状況を考えたりするパズルのような問題で、消去法で解く問題が多いです。

★出題頻度は高めで、空間把握の代表的分野と言ってよいでしょう。

パターン 39

直角二等辺三角形の紙を図Ⅰのように点線で谷折りで折り、図Ⅱの直角二等辺三角形をつくる。次に、図Ⅱのように点線で谷折りで折り、図Ⅲの直角二等辺三角形をつくる。

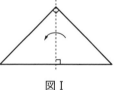

図Ⅰ   図Ⅱ   図Ⅲ

図Ⅲの直角二等辺三角形を点線 ℓ，m で切り、残った斜線部分を広げたときの図形として正しいものは、次のうちどれか。　　　 裁判所事務官Ⅲ種 2002

1.

2.

3.

4.

5.

まず、図Ⅰにおいて、図Ⅲがどの部分に当たるかを確認すると、次の図1の太線部分になることがわかり、切り取られた部分は、図1のア，イの部分になることがわかります。

図1

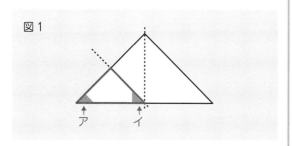

　では、各選択肢において、図Ⅲに相当する部分を確認してみましょう。図2のように、肢2と肢5はイの部分が、肢4はアの部分がそれぞれ合致していませんね。

図2

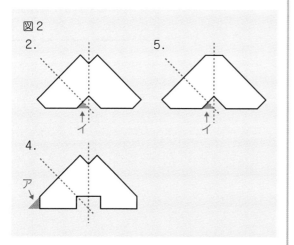

　残ったのは肢1と肢3ですが、その違いは上のほうの切り口ですね。そして、この部分は図Ⅱの段階へ戻す、つまり1回広げてみればわかるでしょう。
　図Ⅱの折り目から対称になるように、アとイの部分を描いて、図3のようになります。

ワンポイントアドバイス
One Point Advice

選択肢が2つ残ったら、その違いを見ることで、解決できることが多いよ！

図3

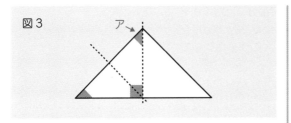

　よって、図3のアの部分より、正解は肢3とわかります。

　ちなみに、さらに図Iの折り目から対称に描くと、図4のようになり、肢3と合致することが確認できますね。

図4

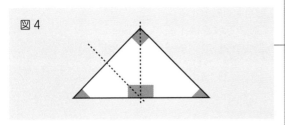

One Point Advice

もちろん、ここまでやる必要はないよ！　答えが出たら終わりだからね！

正解 ③

Exercise 71

　図の①のような、四隅に□と■の印が付けられた正方形の紙があり、□の裏側には■、■の裏側には□の印が付けられている。この紙を、①→②→③の順で、破線で 2 回谷折りにした後、図の③に示すように丸い穴を開けた。このとき、この紙を広げたものとして最も妥当なのはどれか。

　ただし、回転したり裏返したりして同じ模様になるものは同じものとする。

出典 入国警備官等 2005

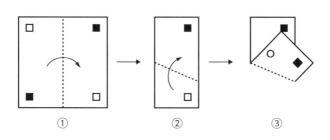

① ② ③

1.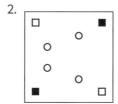

2.

3.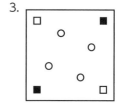

4.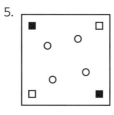

5.

②→③では斜めに折られていますので、広げたとき
の丸い穴の位置がわかりにくいですね。ここは実際に
描いてみましょう。

①の図に②の折り目を記入して、③で開けた穴を折
り目から対称になるよう描くと図1のようになりま
すね。さらに①の折り目から対称に描いて図2が得
られます。

One Point
Advice

②をとばして、いきなり①に描
いたほうが、ムダがないよね！

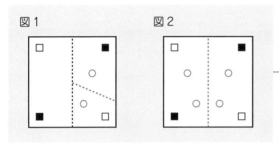

図1　　　　　図2

ちょっと補足

図1の段階でわかるから、図2
まで描く必要はなし！

これより、穴の位置関係から肢1，2に絞られまし
た。

あとは□，■との位置関係ですが、肢1を右へ90
度回転させると、図2と合致することがわかります。

正解は肢1ですね。

正解①

ちょっと補足

ちなみに、裏返しにしても同じ
図形だよ！　□と■の位置を確
かめてみてね！

234

各辺 2 cm の正方形の枠（5 枠×7 枠）で仕切られた 2 月のカレンダーを、次のように 2 回半分に折り、破線に沿ってはさみで切り取った。斜線の部分を広げたときに、正方形として残っている枠に書かれている数字の和はいくらか。

国家一般職 2015

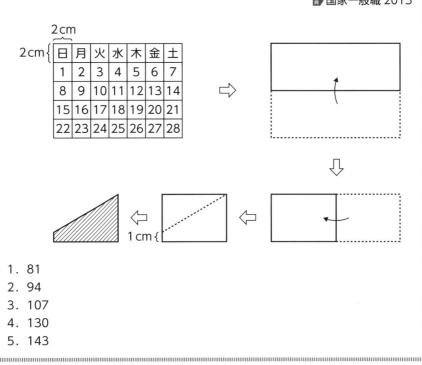

1. 81
2. 94
3. 107
4. 130
5. 143

最後に残った斜線部分は、カレンダーのどの部分に相当するかを調べると、図1の部分とわかります。

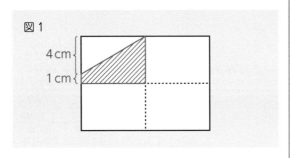

図1

そうすると、ここから順に広げていくと、図2のようになり、正方形として残っている枠は、図の色の

ついた 13 カ所とわかります。

図2

日	月	火	水	木	金	土
1	2	3	4	5	6	7
8	9	10	11	12	13	14
15	16	17	18	19	20	21
22	23	24	25	26	27	28

　これより、その数字の和は、3 ＋ 4 ＋ 5 ＋ 8 ＋ 9 ＋ 10 ＋ 11 ＋ 12 ＋ 13 ＋ 14 ＋ 17 ＋ 18 ＋ 19 ＝ 143 となり、正解は肢 5 です。

正解 ⑤

パターン 40

　図の中に三角形はいくつあるか。　　　　　　📖 警視庁Ⅲ類 2004

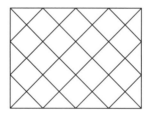

1. 36 個
2. 38 個
3. 40 個
4. 42 個
5. 44 個

　個数を数える問題は、大きさや形、向きなどを基準に、重複や数え漏れのないよう丁寧に数えていきましょう。
　本問の場合、図の直線は垂直に交わっているとみて、図中の三角形の形は、すべて直角二等辺三角形なので、大きさと向きに着目します。

ワンポイントアドバイス
One Point Advice

はじめに選択肢から、大体どれくらいあるかも頭に入れておくといいよ！ 本問なら「40 個前後だな」とかね。

まず、一番小さい三角形を探しましょう。図1に示す三角形の大きさで、図の14個とわかります。

大きさは、一般的に小さいほうから数えるほうが、やりやすいよ！

ちょっと補足

図中の一番小さい正方形の半分の大きさだね。

図1

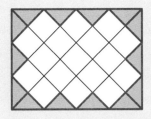

次に小さいのは、図1の三角形2個を合体させた、図2の三角形で、図に示す4個があります。

図2

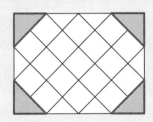

次に、図1の三角形4個分の大きさで、図3の三角形ですが、図に示すように、左の辺上に2個、下の辺上に3個あり、同様に右の辺上に2個、上の辺上にも3個で、計10個ありますね。

図2の三角形2個分だね。

図3

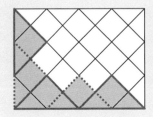

次に、図3の三角形2個分で、図4の三角形ですが、図のように左下の角に1個、他の角にも1個ずつありますので、4個です。

図4

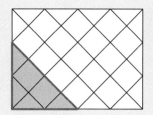

さて、このあたりで方向性が見えてきたと思います。
図1→図3の流れでいくと、次は図5のような三角
形で、下の辺に図のように2個、上の辺にも2個、
また、左右の辺上にも1個ずつありますので、計6
個です。

図5

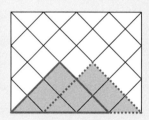

次に、図2→図4の流れで、図6の三角形です
が、4方向の角に1個ずつあり、4個ですね。

図6

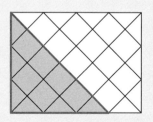

そして、最後に図7の三角形ですが、上下に1個
ずつの2個になります。

ちょっと補足

ここまでずっと、面積が2倍ず
つになってきたけど、ここは違
うね。
大きさだけで規則性を追ってい
くと、この三角形を見落とすか
もしれないから、向きにも気を
つけていこうね!

238

図7

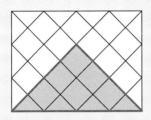

　大きさから、三角形は以上と考えられますので、図1
～図7で、14 + 4 + 10 + 4 + 6 + 4 + 2 = 44
（個）の三角形があることがわかります。
　正解は肢5ですね。

正解⑤

Exercise 73

　図のように、同じ大きさの36個の正三角形を描いたとき、内部に★を1個だ
け含む正三角形の数はどれか。ただし、大きさの異なる正三角形もすべて数える
ものとする。
特別区Ⅲ類 2003

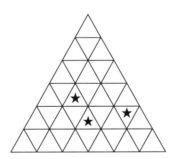

1. 14
2. 15
3. 16
4. 17
5. 18

一番小さい正三角形の1辺を1としましょう。
まず、1辺が1の正三角形は、図1の3個ですね。

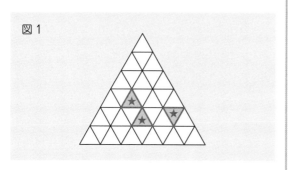

図1

次に、1辺が2の正三角形ですが、それぞれの★を
含むものが、図2のように、3 + 3 + 2 = 8（個）
あります。

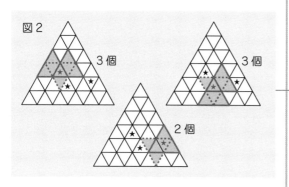

図2

3個

3個

2個

ちょっと補足

正三角形の向き（△と▽）に
も気をつけてね！

そして、1辺が3の正三角形は、図3のように、
上の1個の★を含むものが2個、下の2個の★のう
ちの1個を含むものがそれぞれ1個で、計4個です。

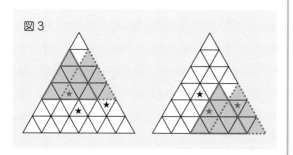

図3

最後に、1辺が4の正三角形が、図4の1個ですね。

図 4

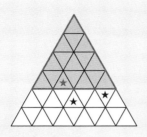

　これより大きな正三角形には、★が2個以上含まれてしまいますので、図1〜図4の、3 + 8 + 4 + 1 = 16（個）の正三角形があることになり、正解は肢3です。

正解 ③

パターン **41**

　図のように、透明な板に5×5のマス目をつけ、その一部を黒く塗ったものを2枚つくった。この2枚を回転、ないし裏返しにして重ね合わせたときにできる模様として、妥当なものはどれか。　　出典▶警視庁Ⅲ類 2005

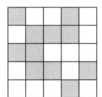 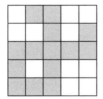

1. 　　2. 　　3.

4. 　　5.

透明な部分どうしが重なれば、透明なままですが、透明な部分に黒い部分を重ねると、黒くなりますね。

一方を固定して、もう一方を回転させてさらに裏返しにしたものを、重ね合わせて描いていけばわかりますが、けっこう大変ですので、ここは選択肢を切っていきましょう。問題の左の図形をA、右の図形をBとしますよ。

まず、中央のマスに着目します。Aの中央は透明ですが、Bの中央は黒いので、重ねてできた図形の中央は黒になり、中央が透明な肢4が消去できます。

次に、4隅のマスに着目しましょう。

図1のように、Aの4隅のマスのうち黒いのは○をつけた1マスだけ、Bのほうも1マスですね。ということは、その2マスが重なれば、4隅のうち黒いのは1マスで、重ならなければ2マスです。

ここで、4隅のうち3マスが黒くなっている、肢1が消去できますね。

図形を選ぶ問題は、基本的に消去法!

ワンポイントアドバイス
One Point Advice

回転しても裏返しても、真ん中は真ん中のまま!
こういう、わかりやすい場所に着目するんだよ。

図1

A

B

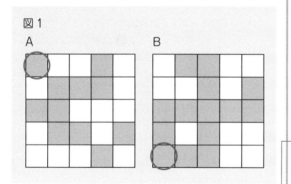

続いて、図2の○をつけた4カ所に着目しましょう。この4カ所も4隅同様に、回転しても裏返しても、この4カ所のうちのいずれかになります。

Aでここが黒いのは3マスありますが、Bには1マスもありません。従って、重ねてできる図形ではここは3マスが黒いことになります。

ちょっと補足

他にも、こんな4カ所とかね。

つまり、下図のようなとこだと、回転や裏返しで、いろんなとこへ動くでしょ!

図2

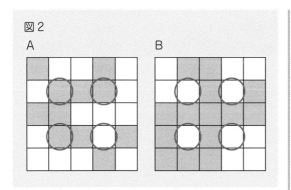

A B

しかし、肢3と肢5はこの4カ所がすべて黒くなっていますので、消去できます。

よって、正解は肢2ですね。ちなみに、Aをそのまま反時計回りに90度回転させた図形と、Bを図3のように対角線から裏返した図形を重ねて、肢2になることが確認できます。

図3

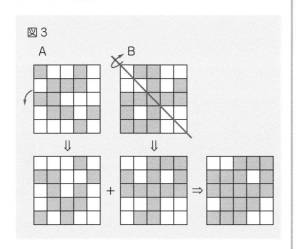

A B

One Point Advice

中央とか4隅は、あくまでも一般的な着眼点!
もっとわかりやすい特徴があれば、そこを見て選択肢を切っていけばいいんだよ。

正解②

　図A，Bのような表面に模様が描かれた2枚の同じ大きさの透明な正方形のガラス板を、模様が描かれた面を上にしてテーブルの上に重ねて置き、それぞれ別々に水平に回転させ、四隅を重ねたときにできる模様を上から見たものとして、正しいのはどれか。ただし、ガラス板は裏返さない。 **▶東京都Ⅲ類 2004**

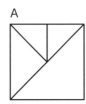

A

B

1. 　　2. 　　3.

4. 　　5.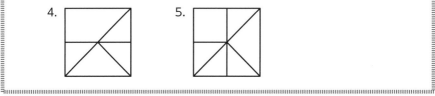

　Aを固定して、Bを回転させながら重ねていってもいいのですが、本問も選択肢が図形ですから、消去法でいきましょう。

　まず、AとBにある短い線分（図1の太線部分）に着目しましょう。Aに1本、Bに2本ですから、重ねると、2本か3本です。

選択肢も回転させてみないといけないから、面倒だよね！

図1

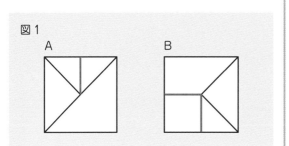

A　　　　B

しかし、図2に示すように、肢3には4本ありますし、肢1と肢4には2本ですが、一直線上に並んでいて、Bにある90度をなす2本が描かれていません。この3つの肢は消去していいですね。

図2

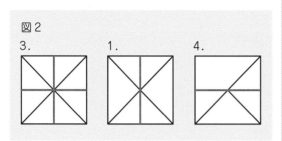

ここで、肢2と5に絞られたわけですが、この2つの違いはわかりにくいので、このままA，Bの特徴を見ていくと、Aにある図3に示す形が、肢2にはありません。

図3

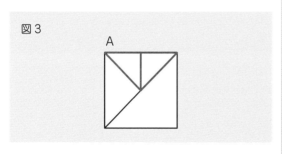

よって、肢5が正解とわかります。ちなみに、図4のようにAを180度、Bを時計回りに90度回転させて重ねれば、肢5の模様になりますね。

図4

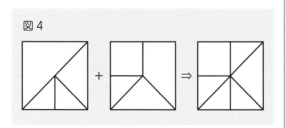

正解⑤

下の図のように、マス目の一部が着色された同じ大きさの方眼紙A，Bがある。方眼紙Bを90度ずつ回転させて方眼紙の全ての角が合うように方眼紙Aと重ねたとき、着色されたマス目同士が重なる数として、最も多いのはどれか。ただし、方眼紙は裏返さないものとする。　　　　　出典▶東京都Ⅲ類 2020

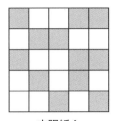

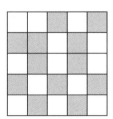

方眼紙A　　　　　　　　　方眼紙B

1. 3
2. 4
3. 5
4. 6
5. 7

　方眼紙Bを回転させて重ねた図を描くのは大変ですので、回転させた図を描かずに、マス目に番号をつけて確認して解く方法をご紹介します。

　まず、図1のように、方眼紙Aのマス目に1〜25の番号をつけ、着色されているマスの番号を確認します。

　ここに、方眼紙Bを、まずはこのままの向きで重ねるとAの1〜25に重なるのは、図2の1〜25のマス目になり、このとき、AとBに共通して着色されているマス目を確認すると、5，7，14の3つとなりますね。

図1　　　　　　　図2

方眼紙A

1	2	3	4	5
6	7	8	9	10
11	12	13	14	15
16	17	18	19	20
21	22	23	24	25

方眼紙B

1	2	3	4	5
6	7	8	9	10
11	12	13	14	15
16	17	18	19	20
21	22	23	24	25

では、次に、Bを右へ90°回転させて重ねる場合を考えます。この場合、Aの1～25のマス目と重なるBのマス目の位置は、図3のようになりますので、同様に、共通して着色されるマス目を確認すると、4，8，15，19，25の5つです。

同様に、さらにBを右へ90°回転させた場合、Aの1～25と重なる位置は図4のようになり、共通して着色されるのは、4，8，14，17，19，23の6つです。

ちょっと補足

図3を右に90度回転させると、1～25の位置はAと一致するでしょ！

図3　　　　　　　図4

方眼紙B

5	10	15	20	25
4	9	14	19	24
3	8	13	18	23
2	7	12	17	22
1	6	11	16	21

方眼紙B

25	24	23	22	21
20	19	18	17	16
15	14	13	12	11
10	9	8	7	6
5	4	3	2	1

One Point Advice

この作業は、Bの上から鉛筆で番号を書いて、消して、また次のを書いてもいいし、番号を書かずに、1～25に当たる位置を確認しながら、Aと共通する番号を調べてもOK！

最後に、さらにBを右へ90°回転させた場合、Aの1～25と重なる位置は図5のようになり、共通して着色されるのは、1，4，7，8，11，14，17の7つです。

図 5

21	16	11	6	1
22	17	12	7	2
23	18	13	8	3
24	19	14	9	4
25	20	15	10	5

方眼紙 B

　よって、着色されたマス目どうしが重なる数として
最も多いのは 7 で、正解は肢 5 です。

正解 ⑤

大きさの等しい小正方形を 2 ～ 4 個隣接するようにつなぎ合わせて、図 I のような 6 つのピースを作る。これらのうち**異なる三つ**を用い、適宜回転させたり裏返したりさせ、図 II のような 9 個の小正方形からなる正方形をつくる。この作業が可能なピースの種類の選び方は何通りあるか。

ただし、ピースはすき間なく、かつ重ねることなく置くものとする。

国家III種 2005

図 I

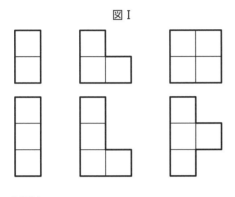

図 II

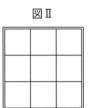

1. 3 通り
2. 4 通り
3. 5 通り
4. 6 通り
5. 7 通り

図 I のピースをそれぞれ図 1 のように A ～ F とします。小正方形 1 個の面積を 1 とすると、各ピースの面積は、A が 2 、B，D が 3 、C，E，F が 4 です。

3 つで面積が 9 になるには、2 ＋ 3 ＋ 4 または 3 ＋ 3 ＋ 3 ですが、面積 3 のピースは 2 つしかないので、2，3，4 のピースを 1 つずつ使うことになりますね。

ワンポイントアドバイス
One Point Advice

ピースの面積が異なるときは、まず面積からチェックしてね！

図1

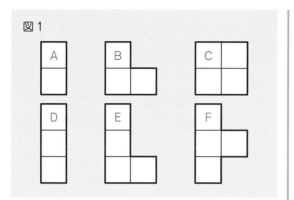

　すなわち、Aは必ず用いて、BとDのいずれかと、C，E，Fのいずれか1つを組み合わせるわけですから、その候補は2×3＝6（通り）考えられます。

　では、最も大きなC，E，Fで場合分けして、図Ⅱに当てはめてみましょう。

　まず、図2の①のようにCを当てはめて、その空いたところにAを入れると、②のように、Dを入れて正方形が完成します。Bを用いる方法は不可能ですね。

図2

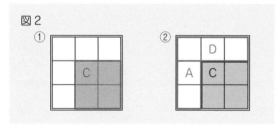

ここで
選択肢を斬る！

肢5は可能性なし！

ワンポイントアドバイス
One Point Advice

大きい＝入るところが限られる。ということで、あんまり融通の利かないピースから入れてみると、考えやすいよ。

もちろん、四隅のどの場所でもいいよ！

次に、図3の①のようにEを当てはめて、空いたところを考えると、②、③のように、AとB、AとDのいずれでも、正方形は完成します。

図3

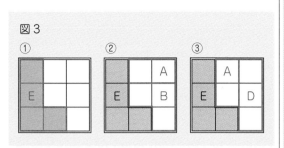

ちょっと補足

EやFは、この位置でうまくいかないときは、ずらして考えてね。
図3の③はこれでもOK！

　最後に、図4の①のようにFを当てはめて、空いたところに、②のようにAとBを入れて、正方形が完成します。こちらはDを用いるのは不可能です。

図4

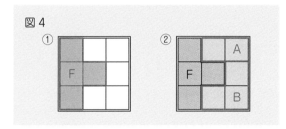

　よって、図2の1通り、図3の2通り、図4の1通りで、計4通りのピースの選び方があり、正解は肢2ですね。

正解 ②

ちょっと補足

本問はピースの選び方だけだからね。正方形の作り方（組み合わせ方）を求めるんじゃないので注意！

図のような5つの正方形を組み合わせた型紙を6枚、すき間なく、かつ重ねることなく並べて作ることができる図形として、**ありえない**のはどれか。

特別区Ⅲ類 2004

1.
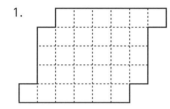

2.
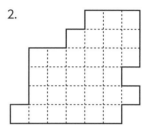

3.
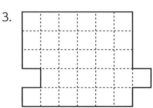

4.
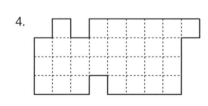

5.
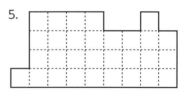

　本問は、型紙（ピース）は同じ形のものを並べるわけで、しかもけっこう融通の利く形ですから、型紙より各選択肢の「枠」の限定性に着目しましょう。

　まず、肢1ですが、図1の①のように、右上と左下に正方形1個分が出っ張っています。ここに型紙を置く方法は図のように決まりますので、まずこの2カ所を決め、次にそれによってできたすき間を埋めるように、型紙を置いていくと、②→③のように、6枚を置くことができます。

ちょっと補足

パターン42はピースの限定性（大きさ）に着目したけど、本問は枠に着目！ちなみに、面積はすべて30になっているので、面積で切れる選択肢はなし！

図1

1.

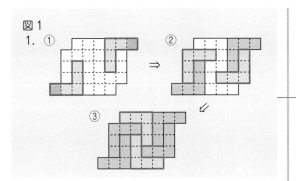

とにかく、すき間を作らないように、置いていくことだよ!

以下同様に、肢2〜4についても、図2のように作ることができますね。

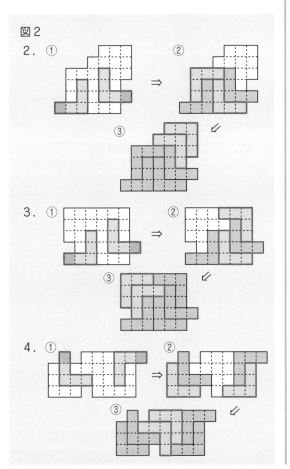

図2

2.

3.

4.

ここまでで、肢1〜4がいずれもOKで、あり得ないのは肢5となります。

　では、肢5も同様に確認してみますと、図3-③の段階で、どうしても最後の1枚を置けないのがわかりますね。これが正解です。

図3

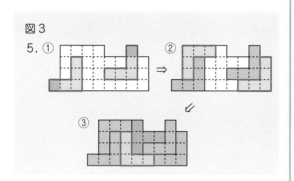

図 1 のように、黒白の正方形の紙片を 25 枚並べて大きな正方形にする。図 2 のA～Gのような正方形をつなげた紙片で図 1 を埋めつくすとき、必要のない紙片のみを挙げている組合せとして、正しいのはどれか。ただし、A～Gは裏返して使用せず、また、同じ紙片は 2 回使用することはできない。なお、図 1 にはすでにアの紙片（太線で囲まれている部分）が 1 枚置かれているものとする。

東京都Ⅲ類 2022

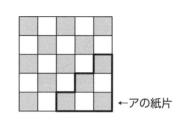

←アの紙片

図 1

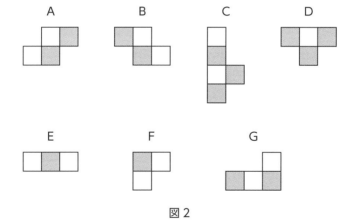

図 2

1．A，C
2．B，E
3．C，E
4．D，G
5．E，G

本問も、角の部分などから順に紙片を置いていくわけですが、けっこう面倒ですね。

ここで、A〜Gの紙片の大きさに着目すると、面積が異なるものも多いですね。このような場合は、面積で絞り込める可能性がありますので、小さな正方形1枚の面積を1として、それぞれの面積を確認し、合計すると次のようになります。

```
E，F  →  面積3 …①
A，B，D，G  →  面積4 …②
C  →  面積5 …③
①〜③の合計 → 3 × 2 + 4 × 4 + 5 = 27
```

大きな正方形の面積は 5 × 5 = 25 で、アの紙片の面積は6ですから、残る面積は、25 − 6 = 19 なので、この部分を埋め尽くすのに必要のない紙片の面積は、27 − 19 = 8 とわかります。

すなわち、①と③、または、②が2枚のいずれかの組合せとなり、選択肢を確認すると、肢3または肢4とわかります。

そして、本問の場合、さらに、図形は黒と白で構成されていますので、その数に着目して、肢3，4それぞれの組合せの黒と白の正方形の数を合わせると、次のようになります。

```
肢3（C，E）→ 黒4，白4
肢4（D，G）→ 黒5，白3
```

これより、白と黒の数で正解にたどり着けそうですので、大きい正方形のアを除く部分と、肢3，4の使うほうの紙片の黒と白の数を確認すると、次のようになります。

```
大きい正方形のアを除く部分  →  黒9，白10
肢3（A，B，D，F，G）  →  黒10，白9
肢4（A，B，C，E，F）  →  黒9，白10
```

合致するのは肢4のほうで、これが正解となります。
ちなみに、完成した図は次のようになります。

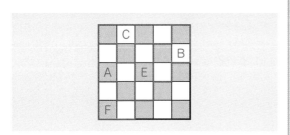

正解 ④

ちょっと補足

まず、左下の角を埋める紙片は、
A，F，Gのいずれかで、そこ
から試行錯誤することになるか
な。
本問は、黒白の数で解くのが、
出題者の意図だと思うよ！

　図のように正方形の紙を四つの紙片に切り分け、重ならないように並べて図形を作る。A～Eのうち、作ることのできる図形の組合せとして最も妥当なのはどれか。

　ただし、紙片は裏返さないものとする。

海上保安学校(特別) 2016

A

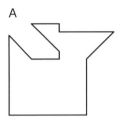

B

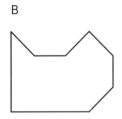

C

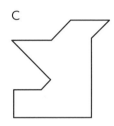

D

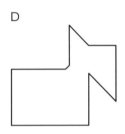

E

1. A, B
2. A, D
3. B, C
4. C, E
5. D, E

　4つの紙片を、図1のように、ア～エとして、A～Eの枠の中へ入れてみましょう。

図1

はじめに、最も大きいアを入れる場所を考えます。
残ったところに、イ→ウ→エと順に入れるイメージで
すね。
　まず、Aについて、アが入る場所は、図2の①，
②の2通りが考えられるでしょうか。それぞれにお
いて、イの場所も図のように決まり、残る場所にウと
エをはめ込むことを考えると、図のように、②は無理
ですが、①は可能とわかります。

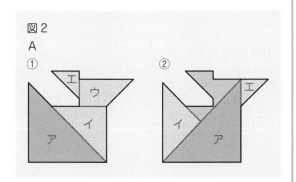

図2
A

　ここで、AはOKですから、肢1，2に絞られまし
た。そうすると、BとDのいずれかを確認すれば、答
えは出ますね。
　では、Bについて、アが入る場所を考えると、図3
の①，②の2通りが考えられます。

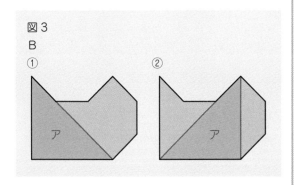

図3
B

　①について、イが入る場所は、図4の i，ii の2
通りが考えられますが、i については、残る場所にウ
とエを入れるのは不可能ですね。ii については、図の
XとYはそれぞれウとエと形が似ていますが、いずれ

も大きさが合致しないので不可能です。

ちょっと補足

エとウの大きさを比べると、明らかにウのほうが大きいけど、XとYの大きさには、そこまでの差はないよね。

図4

① - i   ② - ii

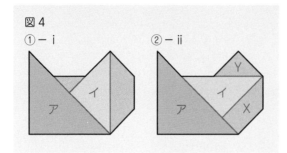

　また、②についても、イが入る場所は図5のようになり、残る場所にウとエを入れるのは不可能です。

図5

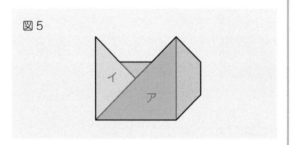

　ここで、肢1は消去でき、肢2が正解とわかります。
　では、Dを確認してみましょう。アが入る場所は図6のように決まり、残る場所にイ〜エを入れることもできますね。

図6

D

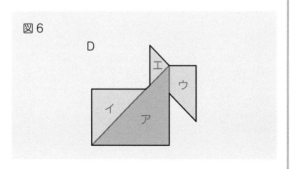

　残る、C，Eについても、アが入る場所は図7のようになり、残る場所にイ〜エを入れるのは無理とわかります。

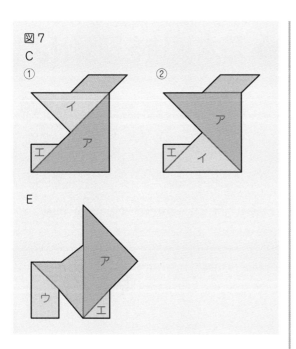

図7

C

① ②

E

正解 ②

立体図形 ➡ 基本構造を理解せよ！

重要度

ガイダンス

★立体図形の構造や見方についての基本で、正多面体の構造、投影図、立体の切断の3項目を扱います。

★この分野の出題頻度は低いですが、展開図など他の項目にもつながる大切な基本事項です。

パターン 43

正四面体を、隣り合った各辺の中点を結ぶ直線に沿ってすべて切り離したとき、中央に残る立体はどれか。　　　　　　　　　　警視庁Ⅲ類 2004

1．正四面体
2．正六面体
3．正八面体
4．正十二面体
5．正二十面体

選択肢に挙げられた5つの立体は「正多面体」という立体です。ここではまず、これらの立体についての基本事項を覚えてください。

正多面体の定義は「すべて合同な正多角形で構成され、各頂点に集まる面の数がいずれも等しい多面体」で、すべての面、辺、頂点がまったく同じ状況で構成された、大変規則正しい立体です。

そして、この定義を満たす立体は表の5つですべてです。

ちょっと補足

「正多角形」とは正三角形とか正方形のように、すべての辺や内角が等しい多角形のこと。
「多面体」とは三角形や四角形などの平面図形を組み合わせた立体。つまり、球のような曲面を含まない立体のことだよ。

名　称	正四面体	正六面体（立方体）
見取り図		
面の形	正三角形	正方形
各頂点に集まる面の数	3	3
面の数	4	6
辺の数	6	12
頂点の数	4	8

正八面体	正十二面体	正二十面体
正三角形	正五角形	正三角形
4	3	5
8	12	20
12	30	30
6	20	12

ワンポイントアドバイス
One Point Advice

名称とだいたいの形、そして、面の形と各頂点に集まる面の数は重要！　必ず覚えよう！名称の数字は面の数だよ。

　また、この5つのうち、正六面体と正八面体、そして正十二面体と正二十面体の組合せは、それぞれ面の数と頂点の数が逆になっており、また辺の数は同じであるという関係にあることもわかりますね。

　では、問題に戻りましょう。正四面体の各辺の中点を結ぶ直線に沿って切断すると、図のようにその切断面は正三角形になり、4つの頂点のそれぞれの周りに、切断面ができます。また、各面の中央に正三角形が残りますので、切断面としての4枚、面上に残る面として4枚、計8枚の合同な正三角形からなる立体、つまり、正八面体が残ることがわかりますね。

ワンポイントアドバイス
One Point Advice

この2組のカップルは、それぞれとても関係が深く、同じ規則性でつながっているんだよ。

ちょっと補足

切断後の図形は、「切断面」と「生き残り面」の組合せで考えるんだよ。

正三角形が、どの頂点の周りにも4枚集まっていて、正八面体になっているのがわかるでしょ！

よって、正解は肢3です。

正解③

Exercise 79

次の図のような、12個の正五角形の面と20個の正六角形の面からなる凸多面体があり、どの頂点にも1個の正五角形の面と2個の正六角形の面が集まっている。この多面体の頂点と辺の数の組合せとして、妥当なのはどれか。

特別区Ⅲ類 2018

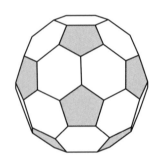

	頂点の数	辺の数
1.	48	64
2.	60	90
3.	60	96
4.	64	96
5.	70	105

　まず、辺の数から考えます。いま、12個の正五角形と20個の正六角形が、バラバラの状態であると考えて、その辺の総数を数えます。正五角形1個の辺の数は5本ですから、12個の合計は5 × 12 = 60（本）です。同様に、20個の正六角形の辺の数の合計は6 × 20 = 120（本）で、合わせると、60 + 120 = 180（本）となります。

では、これらの正五角形と正六角形、合わせて32個を組み合わせて、問題の多面体を作るとすると、図1のように、2本の辺を重ねて1本の辺を作ることになりますね。

図1

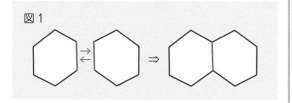

　よって、できあがった多面体の辺の本数は、180÷2＝90（本）となります。

　次に、頂点の数ですが、正五角形1個の頂点の数は5個、正六角形は6個ですから、辺と同じように、総数は180個となります。

　そして、やはり、これらを組み合わせて多面体を作るわけですが、この多面体の各頂点にはいずれも3個の面が集まっています。そうすると、図2のように、3個の頂点を集めて1個の頂点を作ることになるのがわかりますね。

図2

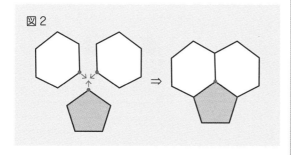

　よって、できあがった多面体の頂点の数は、180÷3＝60（個）とわかり、正解は肢2です。

正解 ②

ここで
選択肢を斬る！

ここで、正解は肢2！

ちょっと補足

問題文にもあるように、1個の正五角形と2個の正六角形が集まっているよね。

ワンポイントアドバイス
One Point
Advice

多面体の辺の数は、バラバラにしたときの総数÷2
頂点の数は、1頂点に同じ数（x）の面が集まる多面体の場合は、バラバラにしたときの総数÷xで求められるね。

パターン 44

立方体を 5 つ統合した立体が平面上にあり、正面図と平面図は図のようになっている。このとき、この立体を右側面から見た図として正しいのはどれか。

警視庁 Ⅲ 類 2004 改題

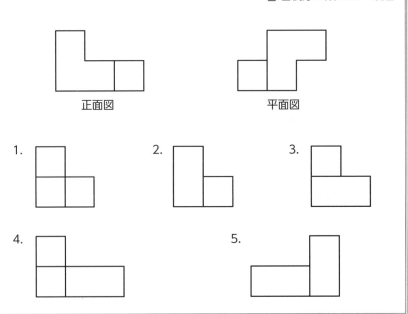

正面図　　　　　　　　平面図

1.　　　　　　2.　　　　　　3.

4.　　　　　　　5.

立体を、正面から見た図を「正面図」、上から見た図を「平面図」、横から見た図を「側面図」といい、これらを合わせて「投影図」といいます。

本問は、立方体 5 つを統合した立体ということですが、正面図と平面図から立体の構成を考えると、図 1（平面図）のように、平面上に立方体 4 個分、その左端の上段に立方体を 1 個のせた立体と考えられます。

266

図1

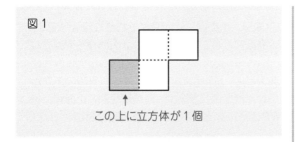

この上に立方体が1個

　すなわち、見取り図を描くと図2のような立体と
わかりますね。

図2

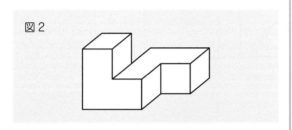

　よって、これを右側面から見た図は、図3のよう
になり、正解は肢1です。

図3

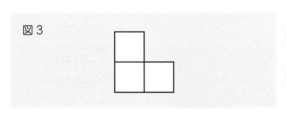

正解 ① 🖋️

ある立体があり、その立体の平面図，正面図，側面図がそれぞれ図Ⅰ，図Ⅱ，図Ⅲで示されている。この立体の見取図として最も妥当なのは次のうちではどれか。

ただし、平面図，正面図，側面図とは、図Ⅳにおいて、それぞれ矢印の方向から立体を見たときに見える図をいい、例えば、図Ⅳの立体の平面図，正面図，側面図はそれぞれ図Ⅴ，図Ⅵ，図Ⅶのようになる。　　　入国警備官等 2021

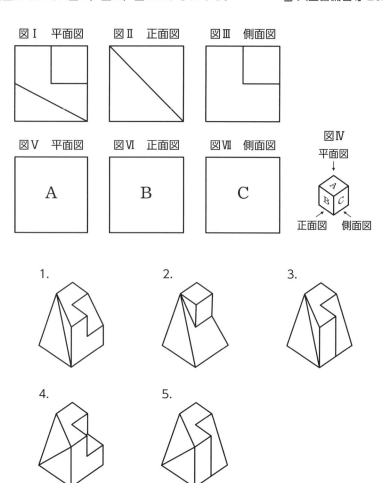

次のように、問題の図Ⅰ～Ⅲに描かれた線を①～④とし、これと照らし合わせながら、不適当な選択肢を消去していきましょう。

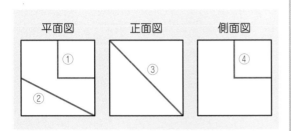

まず、線①，②について見ると、図1のように、肢2以外は見え方が合致しますが、肢2だけは、①の位置が左上になり、合致しません。

よって、肢2は消去できます。

図1

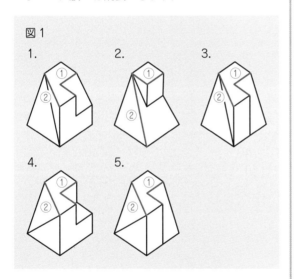

1.

2.

3.

4.

5.

ちょっと補足

肢2の平面図はこうなるね。

次に、線③について見ると、図2のように、肢4と5は線の向きが反対とわかり、消去できます。

図2

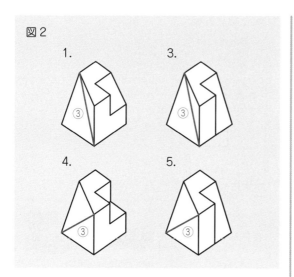

最後に、線④について見ると、図3のように、肢3は縦に下まで1本の線が見えるはずなので、消去できます。

図3

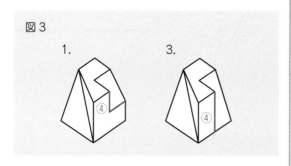

よって、残る肢1が正解となります。

正解 ①

　下の図は立方体ＡＢＣＤ－ＥＦＧＨである。ＡＢの中点をＰ、ＧＨの中点をＱとする。3点Ｃ，Ｐ，Ｑを通る平面でこの立方体を切るとき、その切り口の図形として最も適当なものはどれか。　　　　　　　🏛 裁判所職員一般職 2015

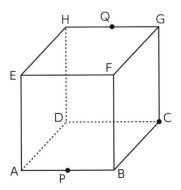

1．二等辺三角形
2．正方形
3．台形
4．ひし形
5．五角形

　立体を平面で切断したときの、切断面の描き方を覚えてください。
　まず、ＣとＰ、ＣとＱは、それぞれ同一面上の2点です。このような2点をつなぐ切断線は、その面の上に入りますので、図1のように、そのまま直線で結びます。

ちょっと補足

ＣとＰは底面、ＣとＱは背面にそれぞれ存在してるね。

ワンポイントアドバイス
One Point Advice

切断面を描く手順は次のとおり。
①同一面上の2点はそのまま結ぶ。
②平行な面に入る切断線は平行になるようにつなげていく。

図1

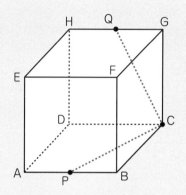

PとQを結ぶ線は立方体の内部の線だから、そのまま結ぶわけにはいかないね。

法　則

立体を平面で切断する
⇒平行な面には平行な切断線が入る。

　次に、切断面を描くうえで欠かせない法則である「平行な面には平行な切断線が入る」に従って切断線をつなげます。まず、Qから先の切断線は上面につながりますが、上面は底面と平行ですから、底面のCPと平行な切断線を描くと、図2のようにEを通ることがわかります。そうすると、EとPは同一面上の2点ですから、そのまま結んで完成です。EPもQCと平行になるのがわかりますね。

ちょっと補足

平面で切るんだから、右の面からθの角度で入ったら、それと平行な左の面にもθの角度で出るでしょ！

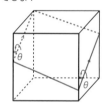

図2

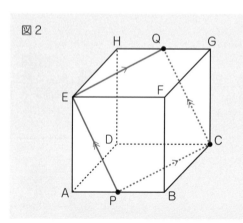

ちょっと補足

P，Qは辺の中点だから、上から見るとこうなるよね。

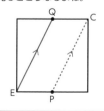

　これより、切り口の図形を考えると、4辺はすべて同じ長さの四角形ですから、ひし形となり、正解は肢4です。

正解 ④

立方体の一辺の中点Pを通る平面で、この立方体を1回切ったときにできる切断面の形の組合せとして、妥当なのはどれか。

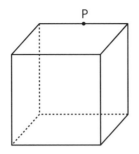

1. 正三角形，直角三角形，正五角形
2. 正三角形，正方形，正五角形
3. 正三角形，正方形，正六角形
4. 直角三角形，正方形，正六角形
5. 直角三角形，正五角形，正六角形

簡単にできそうな切断面から試してみましょう。

まず、正三角形と正方形が可能なのは、図1のようにわかりますね。

図1

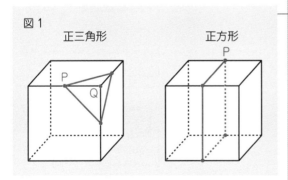

正三角形　　　　　　正方形

ちょっと補足

Pはどの辺の中点でもいいからね。
正三角形は、図1のように、1頂点Qから等距離にある3点を通ればOK！
正方形はどこかの面と平行に切ればOK！
ちなみに、三角形の切断面はすべて90度未満の角からなる「鋭角三角形」にしかならないからね。だから直角三角形はできないよ。

ここで、肢2と肢3にある、正五角形と正六角形で考えてみます。五角形は5面を通るように切りますので、たとえば上の面から側面4枚を通るように切ります。

六角形は6面すべてを通るように、上の面から側面4枚を通り、底面に抜けるように切ればいいです

ね。それぞれ図2のような切り方になります。

図2

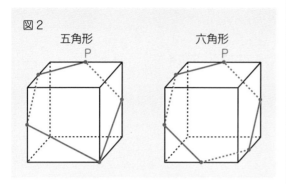

五角形　　　　　六角形

ここで、六角形については、Pを含めてすべての頂点が、立方体の辺の中点になるように切ると、すべての辺が等しくなり、正六角形になることがわかります。

しかし五角形のほうは、図2の五角形の5本の辺の長さが、すべて等しくなるような切り方はできませんので、正五角形は不可能です。

よって、肢3に挙げられた3つの形はすべて可能とわかり、これが正解になります。

ちなみに、立方体の切断面にはいろいろな形が現れます。本問で確認した、正三角形、正方形、普通の五角形、普通の六角形、正六角形以外にも次のような図形が可能です（辺の中点を通らないものも含む）。

ちょっと補足

切断面はもちろん一例だよ。台形は普通の台形も等脚台形もOK！

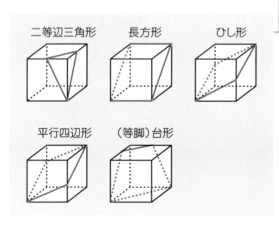

二等辺三角形　　長方形　　　ひし形

平行四辺形　　（等脚）台形

ワンポイントアドバイス
One Point Advice

立方体の切断面は、いろいろな形が可能なので、不可能なほうを覚えたほうが早いね。
有名なのは、直角三角形と正五角形。これを知ってれば、本問はすぐ解けたね。他にも、鈍角三角形、普通の四角形、七角形以上の多角形とかもできないけど、それほど重要じゃないよ。

正解 ③

図のような正八面体をどの頂点も通らない一つの平面で切る場合、切る位置によって切り口の形は変わる。次のA〜Dのうち、切り口の形としてできる可能性があるもののみを全て挙げているのはどれか。　　🗾海上保安学校（特別）2022

A：三角形
B：四角形
C：六角形
D：七角形

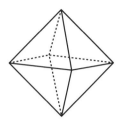

1．A，B，D
2．A，C
3．B，C，D
4．B，C
5．C，D

正八面体は、1つの頂点の周りに4枚の面が集まっていますので、たとえば、図1のように、頂点Aに集まる4面を通るように切ると、四角形の切り口が現れます。

すなわち、<u>最少でも4面を通って切る</u>ことになりますから、三角形の切断面が現れることはありません。

図1

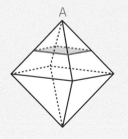

次に、六角形ですが、たとえば、図2のように、ある面Bから切り込みを入れ、その向かいの面Cへ抜けるように切ると、6面を通って切ることになり、<u>六角形の切り口</u>が現れます。

ナットクいかない方はこちら

少なくとも1つは角を切り落とすことになるから、4面以上に切断線が入るってこと。　❓

ここで選択肢を斬る！

AはNG、BはOKだから、肢3，4に絞られるね。

ちょっと補足

いずれも辺の中点を通るように切ると、正六角形になるよ。

図2

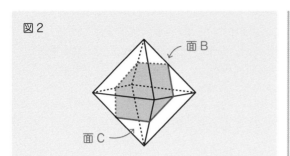

しかし、7面以上を通るように切る方法はないので、七角形は現れません。

よって、可能性があるのはBとCで、正解は肢4です。

正解 ④

MEMO

軌跡 ➡ 点を追え！

ガイダンス ✐

★図形が移動するときの、ある点の描く軌跡などを考える問題です。

★出題頻度はやや高めで、東京都や特別区ではほぼ毎年出題されています。

パターン 46

図のように、平行四辺形が直線上を滑ることなく矢印の方向に転がるとき、点Pの描く軌跡を表したものとして最も妥当なのはどれか。

入国警備官等 2003

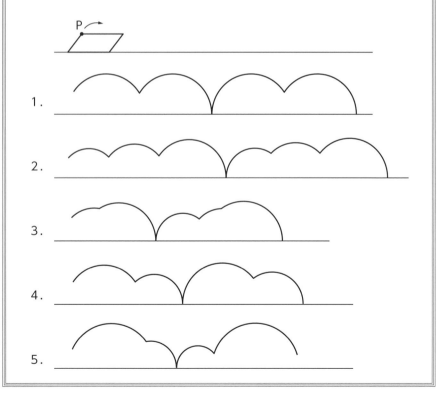

四角形ですから、4回の回転で1周してもとの位置に戻ることになります。このときの点Pの軌跡を描くと、図1のようになりますね。

図1

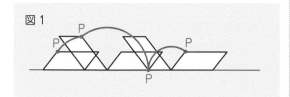

　このように、実際に描いてみることで問題は解けますが、このような図を描くのもけっこう大変ですね。
　しかし、点Pの軌跡をよく見てください。1周したところで、3つの円弧を描いていることがわかり、その円弧の大きさは半径と中心角で決まります。
　ここで、図2のように平行四辺形のP以外の頂点をA〜C、各頂点の外角をθ_1〜θ_4とすると、まず1回転目は図のAを中心にθ_1の角度で回転しますので、ここで描く円弧の半径はAP、中心角はθ_1とわかります。同様に、2回転目はBを中心に回転しますので、半径はBP、中心角はθ_2の円弧を描きます。
　また、3回転目はPを中心とした回転ですから、ここではPは動きません。そして、4回転目はCを中心に回転し、半径CP、中心角θ_4の円弧を描きます。

ここで、Pは直線に接するというのも、特徴の1つだね！

図2

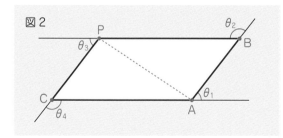

　また円弧の数も、n角形が1周する間にn回の回転をするわけですから、頂点でない点であればn個の円弧を描きますし、本問のように頂点であれば、1個少なくなることがわかります。
　ここまでをまとめて、次のようになります。

ちょっと補足

本問なら、1周する間に3個の円弧を描くことがわかるから、3種類の円弧が繰り返すように描かれるはずだね。

n 角形が 1 周するときのある点 P の描く軌跡
①円弧の数　⇒　P が頂点のとき…（$n-1$）個
　　　　　　　　P が頂点以外のとき… n 個
②円弧の半径　⇒　回転の中心と P の直線距離
③円弧の中心角　⇒　回転の中心の外角の大きさ

円弧の数、大きさ、そしてその
順番あたりから、選択肢を見て
いけば、描かずに正解肢を選べ
るよね。

　このように、四角形などの多角形が直線上を滑らず
に転がるときのある点の描く軌跡は、実際に転がして
みなくとも、その多角形の形状から判断することがで
き、本問は肢 3 が図 3 のように条件を満たすことが
わかりますね。

ちょっと補足

各肢の軌跡に、回転の中心らし
きところをとって、このように
描き込んでいけば、判断しやす
いね。
もちろん、図形を転がして軌跡
を描きながら、選択肢を絞って
も OK！

図 3

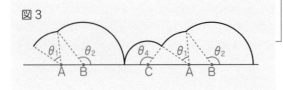

正解 ③

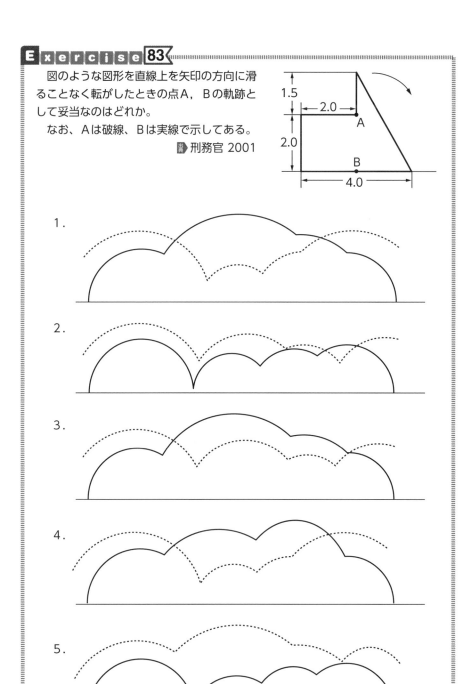

Exercise 83

図のような図形を直線上を矢印の方向に滑ることなく転がしたときの点A，Bの軌跡として妥当なのはどれか。

なお、Aは破線、Bは実線で示してある。

刑務官 2001

1.

2.

3.

4.

5.

図１のように、図形の各頂点をＣ～Ｆとします。Ｄ－Ａ－Ｅの部分は凹んでいますので、Ａが直線に触れることはありませんね。

　Ｄを中心とした回転は、Ｅが直線に接したところで終わりますので、ＤとＥを線分で結び、四角形ＣＤＥＦが回転すると思えばいいでしょう。

図１

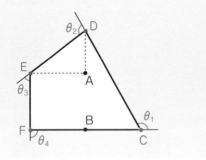

　では、ＡとＢの描く軌跡を同時に確認していきます。

　回転の中心は、Ｃ→Ｄ→Ｅ→Ｆと移って、１周しますので、Ａ，Ｂの描く軌跡は次のような円弧になりますね。

ちょっと補足

各回転での回転角は同じだから、中心角も一緒！　もちろん、中心の位置だって同じだからね。

①Ｃを中心に回転
　Ａ　⇒　半径ＣＡ，中心角 θ_1
　Ｂ　⇒　半径ＣＢ，中心角 θ_1
②Ｄを中心に回転
　Ａ　⇒　半径ＤＡ，中心角 θ_2
　Ｂ　⇒　半径ＤＢ，中心角 θ_2
③Ｅを中心に回転
　Ａ　⇒　半径ＥＡ，中心角 θ_3
　Ｂ　⇒　半径ＥＢ，中心角 θ_3
④Ｆを中心に回転
　Ａ　⇒　半径ＦＡ，中心角 θ_4
　Ｂ　⇒　半径ＦＢ，中心角 θ_4

ここで
選択肢を斬る！

まず①で、肢２，５のＢは中心角が大きすぎ！
②で、肢３のＡの半径はちょっと大きいでしょ！
③で、肢４のＢの半径もちょっと大きいよね！

　よって、肢１が図２のように合致することがわかります。

ちなみに、回転した図は図3のようになりますので、確認してみてくださいね。

図2

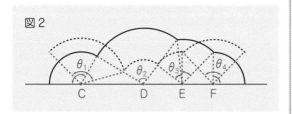

図3

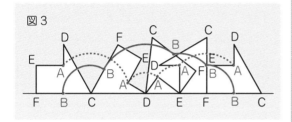

正解

Exercise 84

　図のように、一部が着色された一辺 a の正六角形が、一辺 $3a$ の正六角形の外側に接しながら、アの位置から滑ることなく矢印の方向に回転してイの位置にきたとき、一辺 a の正六角形の状態を描いた図として、正しいのはどれか。

出題 東京都Ⅲ類 2005

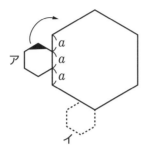

1.
2.
3.
4.
5.

　一辺 a の正六角形を図形Ａ、一辺 $3a$ の正六角形を図形Ｂ、図形Ａの着色された頂点をＰとします。

　まず、アの位置から矢印の方向へ一度回転したところで、Ｐが図１の P_1 の位置にくることで、Ｐが図形Ｂに接することがわかります。

　そして、図形Ａの周の長さは $6a$ ですから、P_1 の位置からさらに $6a$ の距離だけ進んだところ（図の P_2）でＰは再び図形Ｂに接し、またさらに $6a$ 進んだところ（図の P_3）で接します。

ちょっと補足

　たとえば、1辺が1の正三角形の周の長さは3だから、Ｐは図のように3進むたびに直線に接するでしょ！

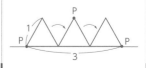

図1

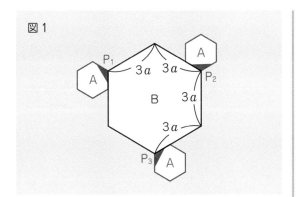

　よって、イの位置にきたとき、点Pは図1のP₃の位置のままですから、図2のような状態とわかり、正解は肢1ですね。

図2

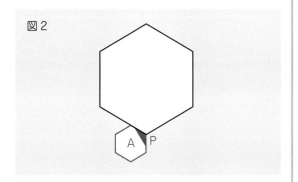

ちょっと補足

このように、図形が直線などの地面に沿って移動するとき、ある点Pは自分の周の長さと同じ距離を進むたびに、その地面に接するんだよね。

正解 ① ✒

下の図のように、一辺 a の正三角形が、直線と接しながら、かつ、直線に接している部分が滑ることなく矢印の方向に 2 回転するとき、正三角形の頂点 P が描く軌跡の長さとして、正しいのはどれか。ただし、円周率は π とする。

出典 東京都Ⅲ類 2019

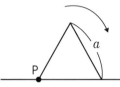

1. πa

2. $\dfrac{4}{3}\pi a$

3. $2\pi a$

4. $\dfrac{8}{3}\pi a$

5. $4\pi a$

正三角形が、図のように 1 回転してもとの位置に戻るまでに、点 P は図のような円弧を描きます。

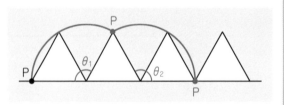

図の θ_1、θ_2 はともに 120° ですから、半径 a、中心角 120° の円弧を 2 つ描いたことになりますね。

正三角形の外角だからね。

そうすると、2 回転する間には、同じ円弧を 4 つ描くことになりますので、求める長さは次のようになります。

$$2\pi a \times \frac{120°}{360°} \times 4 = \frac{8}{3}\pi a$$

よって、正解は肢 4 です。

ちょっと補足

円弧の長さ $= 2\pi r \times \dfrac{中心角}{360°}$

（r：半径）

正解 ④

次の図のように、斜辺の長さが 8 で、1 つの角が 45°の直角三角形がある。この三角形の辺上を半径 2 の円が滑ることなく回転して出発点に戻ってくるとき、円の中心 O が描く軌跡の長さはどれか。ただし、円周率は π とする。

出題▶特別区Ⅲ類 2018

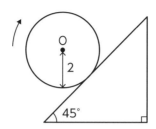

1. $8 + 2\sqrt{2} + 2\pi$
2. $8 + 2\sqrt{2} + 4\pi$
3. $8 + 4\sqrt{2} + 4\pi$
4. $8 + 8\sqrt{2} + 2\pi$
5. $8 + 8\sqrt{2} + 4\pi$

円が直線上を回転するとき、円の中心は、図 1 のように直線を描きますね。このとき、円と直線の接点（図の P）と中心を結ぶ半径（O P）は、常に直線に対して垂直になることを覚えておいてください。

図 1

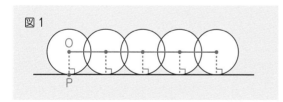

では、問題の軌跡を調べてみましょう。図 2 のように、直角三角形の各頂点を A，B，C とし、まず、円が頂点 A に接している状態（図の円 O_1）からスタートします。このとき、O A は A B に対して垂直ですね。ここから、A B 上を転がって、頂点 B に接するまで（図の円 O_2 まで）、中心 O は直線を描きます。この直線 $O_1 O_2$ の長さは A B と同じ 8 ですね。

図2

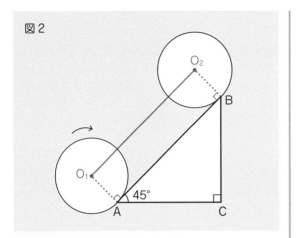

　次に、頂点Bを中心に図3の円O_3の位置まで回転
します。このとき、中心Oは図のような円弧を描きま
すが、その半径は2、中心角は、図から、360°−（90°
＋45°＋90°）＝135°とわかります。

図3

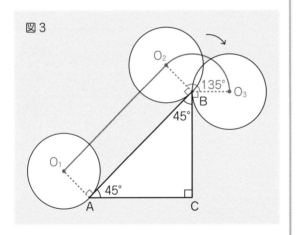

　さらに、図4のように、直線BC上を移動→Cを
中心に回転→CA上を移動→Aを中心に回転して、出
発点に戻ります。

図4

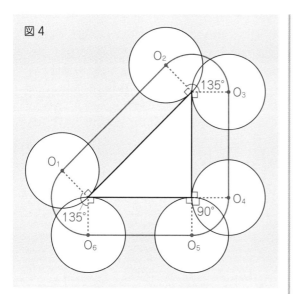

　図4の、直線O_3O_4の長さはBCと同じですが、三角形ABCは直角二等辺三角形ですから、BC＝8÷$\sqrt{2}$＝$4\sqrt{2}$とわかり、O_5O_6も同じですね。

　また、円弧O_4O_5の中心角は360°－（90°＋90°＋90°）＝90°、円弧O_6O_1の中心角はO_2O_3と同じ135°となります。

　これより、直線部分の長さの合計は、8＋$4\sqrt{2}$＋$4\sqrt{2}$＝8＋$8\sqrt{2}$で、3つの円弧はいずれも半径2で、中心角を合計すると、135°＋90°＋135°＝360°ですから、半径2の円の円周に等しく、$2\pi \times 2$＝4πとなります。

　よって、軌跡の長さは、8＋$8\sqrt{2}$＋4πで、正解は肢5です。

正解 ⑤

ちょっと補足

三辺比は1：1：$\sqrt{2}$だから、BC：8＝1：$\sqrt{2}$から求められるね。
ここは、数的推理でしっかり勉強するところ！

ちょっと補足

こうやって、図形の周りを1周すると、結局は360°回転することになるんだよね。

次の図のように、大円Oに、大円Oの2分の1の直径の小円O´が内接している。いま、小円O´の半径の中点をPとしたとき、小円O´が大円Oの内側を円周に沿って滑ることなく時計回りに回転し、元の位置に戻るまでに点Pが描く軌跡はどれか。

特別区Ⅲ類 2004

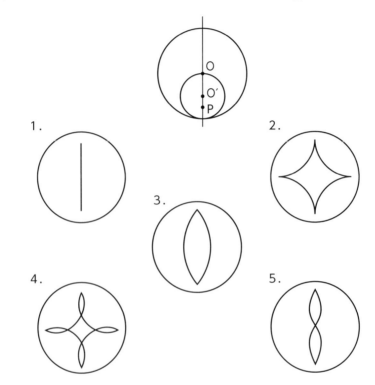

Pを含む小円の直径を、図1のようにABとしましょう。はじめの状態ではBが大円に接していることになりますね。

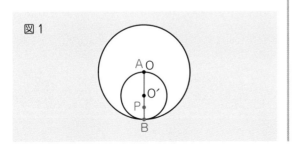

図1

290

では、1周りの4分の1の回転ごとに、点Pの位置を追っていきましょう。

　大円の円周の4分の1の長さは、小円の円周の2分の1の長さに等しいので、図2の太線の部分が重なるように移動して、Aが大円の円周に接することになります。この時点で、点Pは図のP_1の位置にあることがわかり、この位置を軌跡に含む肢3，4に絞られることになります。

　しかし、肢4の左端の点（図3の点P）を通るには、小円が図2の位置にきたときしか考えられませんので、点Pがこの位置を通ることはないことがわかり、この段階で肢3が正解とわかります。

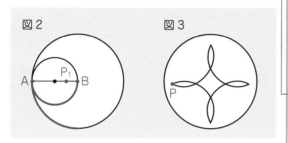

図2　　　　　　　図3

　そして、この後の点Pの位置ですが、さらに4分の1ずつ回転して、図4，図5のように、点PがP_2，P_3の位置を通ることが確認できます。

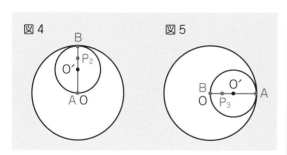

図4　　　　　　　図5

　最後に、これらをまとめて図6のような、Pの通過点が確認でき、肢3の軌跡が適当であることがわかるでしょう。

適当に区切って、見ていけばいいってこと！ 4分の1でなくてもOK！

ナットクいかない方はこちら

直径の比が2：1なら、円周の比も2：1になるからね。

ここで 選択肢を斬る！

肢1，2，5は軌跡がP_1の位置を通っていないので、ここで消去！

ナットクいかない方はこちら

ここまでの軌跡はこんなカンジ！

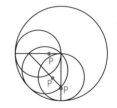

ここから、この後の動きもわかるし、図3のPの位置を通ることは考えられないよね！

図6

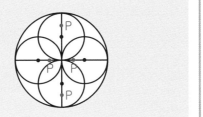

ワンポイントアドバイス
One Point Advice

もう少し細かく描けば、肢3と合致することがわかるけど、軌跡を選ぶ問題は、基本的に消去法だよ！
本問のように描くのが大変なときは、わかりやすい通過点をとって、選択肢を消去していこう！

正解 ③

Exercise 86

図のように、並んだ円A，B，Cがある。円の直径の比は、A：B：C＝4：2：1である。また、円B，Cには図のように矢印が描いてある。この円B，Cをそれぞれ円Aに沿って滑らないように回転させていき、円B，Cが円Aの9時の位置に来たときの矢印の向きとして、妥当なものはどれか。ただし、円Aは動かないものとする。

出典 警視庁Ⅲ類 2005

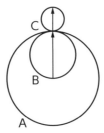

1.

2.

3.

4.

5.

円B，Cの回転の方向が指示されていませんので、直接9時の方向へ回転させてみましょう。

どっちへ回転させても一緒だからだよ！

　円Aと円Bの半径の比は、4：2＝2：1ですから、円Aの円周の4分の1＝円Bの円周の2分の1となり、円Bが9時の位置にきたとき、円Bの矢印の向きは図1のようになります。

図1

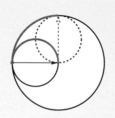

ここで
選択肢を斬る！
肢2，3は消去できるね！

　また、円Aと円Cの半径の比＝4：1ですから、円Aの円周の4分の1＝円Cの円周なので、円Cが9時の位置にきたとき、ちょうど1周分の円周が円Aの円周と重なって、はじめの接点（図2の点P）が再び円Aに接することになり、円Cの矢印の向きは図2のようになります。

図2

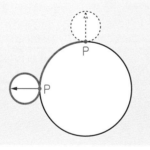

P

P

ちょっと補足

色つきの太線部分が同じ長さだからね。

　これより、正解は肢1とわかりますね。

正解 ①

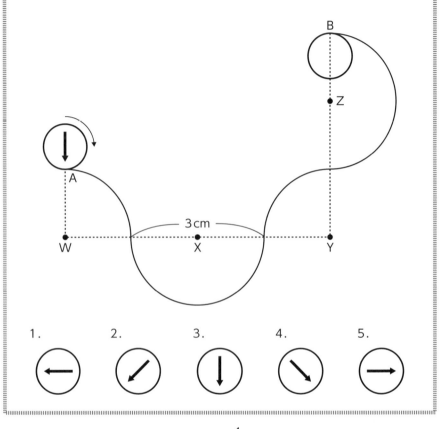

下の図のように、直径 3 cm の円周の一部をつないだ曲線がある。W，X，Y，Z はそれぞれの円弧の中心点であり、A と W、W と X と Y、Y と Z と B はそれぞれ同一直線上に存在し、∠AWY と∠WYZ は 90°である。矢印が付いた直径 1 cm の円盤が、曲線上を A から B まで滑ることなく転がるとき、B における円盤の矢印の向きを表すものとして、最も妥当なのはどれか。　　🄳 警視庁Ⅲ類 2018

1.　　　　2.　　　　3.　　　　4.　　　　5.

直径 3 cm の円周の一部をつないだ曲線は、$\frac{1}{4}$ 円が 2 個と、半円が 2 個ですから、合わせると、円周の $\frac{1}{4} \times 2 + \frac{1}{2} \times 2 = \frac{3}{2}$（倍）になります。直径 3 cm の円の円周は、直径 1 cm の円盤の円周の 3 倍ですから、その $\frac{3}{2}$ 倍の曲線の長さは、円盤の円周の $3 \times \frac{3}{2} = \frac{9}{2} = 4.5$（倍）とわかります。

そうすると、Aで曲線に接している円盤の点をPと
すると、ここから円周の4.5倍の距離を進んでBにた
どり着いたときの接点は、図1の点Qとなりますね。

図1

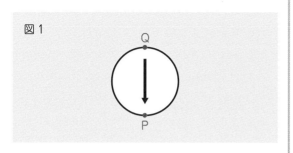

これより、Bに点Qで接している状態を考えると、
図2のようになり、矢印は下向きになるとわかりま
す。

図2

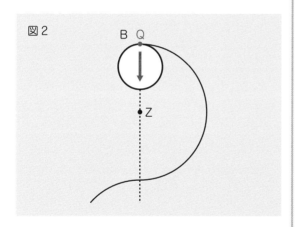

よって、正解は肢3です。

正解

　図のように、星型の図形を軸ＡＢの周りに回転させて立体を作る。この立体に、軸ＡＢに垂直な位置から光を当てたときにできる投影図として、正しいのはどれか。

📖東京都Ⅲ類 1999

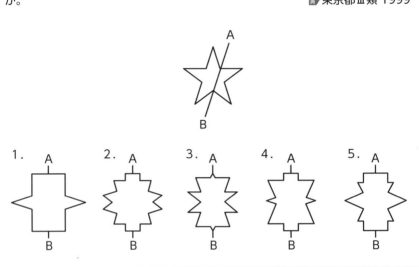

　光を当てたときの投影図ということですが、要するにどのような影を描くかということですから、回転してできる立体を横から見た図を考えます。

　星型の図形の頂点を図１のようにＣ～Ｇとします。

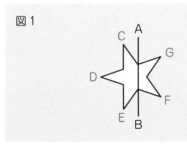

図1

　ＡＢから左右に分けて、まずＣ～Ｅを含む側を回転させると図２、Ｆ，Ｇを含む側を回転させると図３のようになることがわかりますね。

ここで選択肢を斬る！

肢２，３には、頂点Dの軌跡に当たるものがないよね。

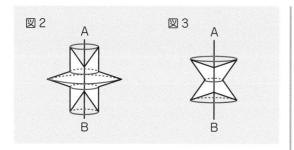

図2　図3

あとは、図2と図3を合体した図を考えるわけですから、このような問題は、図4のように、図1を軸から片方を折り返して重ねた図を、回転させたと考えればいいでしょう。立体の投影図は図5のようになりますね。

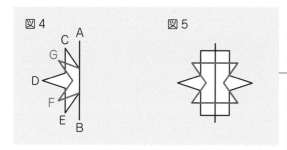

図4　図5

よって、正解は肢5です。

正解 ⑤

ちょっと補足

図4を左右対称にしただけではダメだよ。Cの軌跡などで下図の色つき部分とか、埋められるからね。

図Ⅰの立方体ＡＢＣＤ－ＥＦＧＨにおいて、点Ａ，Ｆ，Ｈを通る平面と点Ｂ，Ｄ，Ｇを通る平面で切断し、図Ⅱのような立体を作った。図Ⅱの図形の辺ＤＨを軸として立体を一回転させたときにできる回転体の形状として、最も妥当なのはどれか。

出典▶警視庁Ⅲ類 2020

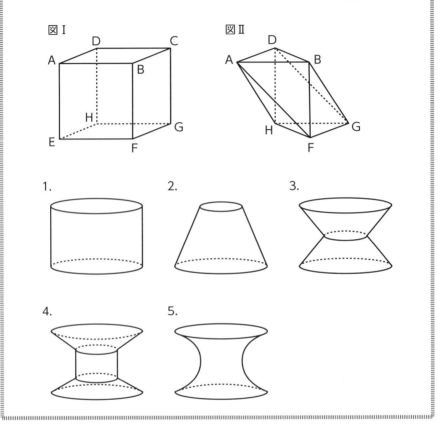

図Ⅰ

図Ⅱ

1.
2.
3.
4.
5.

問題の図Ⅱを上から見ると、次の図1のようになり、軸はＤの位置ですから、軸から最も距離が遠いのはＢの位置とわかります。

図1

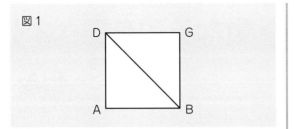

すなわち、軸ＤＨから最も遠いのは辺ＢＦですから、図Ⅱを回転させてできる立体は、図2のように、<u>四角形ＤＨＦＢを、ＤＨを軸に1回転させてできる立体</u>になります。

図2

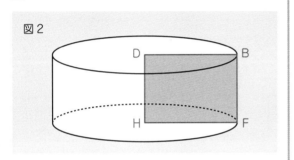

その他の辺や面が回転する部分は、この中に含まれることになるからね。

よって、形状として最も妥当なのは肢1です。

 正解 ①

展開図 ➡ 重なる辺を調べよ！

ガイダンス

★立体の展開図の問題で、立方体と正八面体がよく出題されています。
★出題頻度はやや高めで、割と得点しやすい問題が多いですね。

パターン 50

次の図のような立方体の展開図を組み立てたとき、側面に同じ向きに「正六面体」と並ぶのはどれか。

 特別区Ⅲ類 2004

1.

2.

3.

4.

5.

はじめに、展開図の変形方法を覚えてください。

立方体の展開図にはいろいろな形のものがありますが、たとえば図1のような展開図を考えます。

この展開図を組み立てて立方体にするには、辺と辺を重ねていくのですが、まず、最初に重なる辺は、90度の角をなす、図の①の4組ですね。

図1

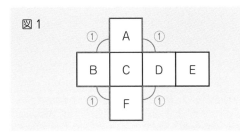

そして、次に重なるのは、①の隣りどうしになりますから図2の②の2組です。

ただし、①の隣りどうしでも、★のような2辺は重なりません。なぜなら、Aの面とBの面はすでに①で1組の辺が重なっており、2組以上重なることはないからです。

また、さらにその隣りどうしは、Eの右の辺とFの左の辺ですが、Fの左に辺はすでにBの下の辺と重なることになっていますので、そのBの下の辺の隣り、つまりBの左の辺が③でEの右の辺と重なることになります。

図2

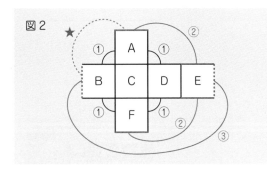

そして、重なる辺がわかったら、そこに重なるように面を移動させることができます。つまり、立体にすると重なるところですから、展開図の状態でくっつけ

ちょっと補足

組み立てたときに同じ立体になるように、展開図の形を変える方法だよ。

ちょっと補足

立方体は各頂点に面が3枚集まるので、すでに3枚あるところはふさいでOK!
そうすると、90度あいているところになるわけだ!

ナットクいかない方はこちら

展開図を組み立てて、立体を作る様子を想像しよう! 1組重ねたら、次々に隣りどうしを重ねていくでしょ!

ナットクいかない方はこちら

紙を2枚用意して、2組の辺を重ねてみるとわかるでしょ!

ても OK ですよね。

たとえば図3のように、面を移動させて、展開図の形を変えることが可能なわけです。

図3

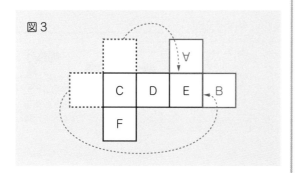

このように、展開図は重なる辺の先へ面を移動させることで、都合の良い形に変形することができるわけですね。

では、選択肢の展開図を検討しましょう。

肢1 図のように重なる辺がわかりますので、「六」の面を移動すると右の図のようになり、他の3文字と向きが異なります。

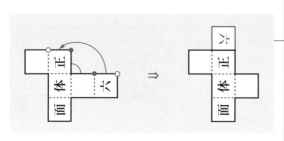

ワンポイントアドバイス
One Point Advice

●や○は、重なる頂点だよ。この位置をたよりに、文字の向きを考えてね。

肢2 同様に重なる辺を調べて、図のようになり、すべて同じ向きになりますね。本肢が正解です。

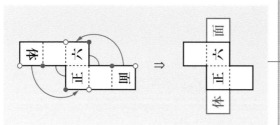

ちょっと補足

側面の4枚だから「体正六面」
⇒「正六面体」になるからね。

肢3 同様に、「体」の向きが異なります。

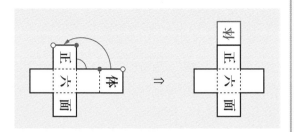

肢4 同様に、「面」の向きが異なります。

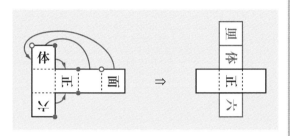

肢5 「六」と「正」の向きが異なることがわかりますね。

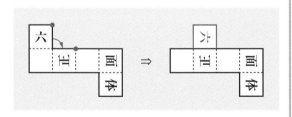

正解 ②

ワンポイントアドバイス
One Point Advice

実際に移動させてみなくても、ダメだってわかったところで消去しよう！
展開図の問題も、消去法で解決するものがけっこうあるよ！

　図のように、三つの面に直角三角形が描かれた立方体がある。この立方体の展開図として最も妥当なのはどれか。

　ただし、直角三角形は立方体の外側に描かれ、内側からは見えないものとする。

出題 海上保安大学校等 2022

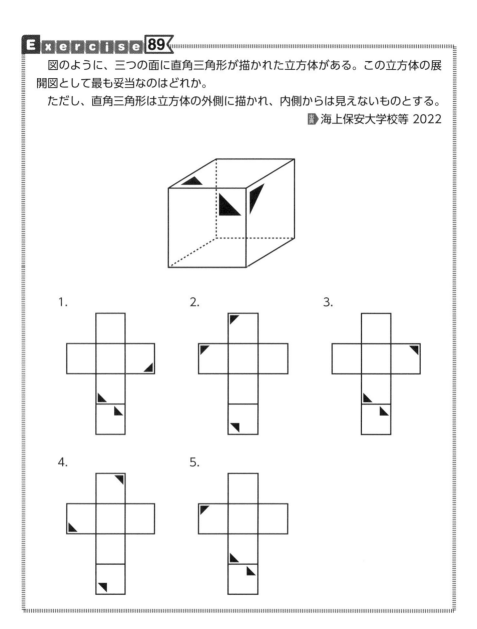

1.

2.

3.

4.

5.

　図1のように、直角三角形が描かれた3面の展開図を描き、3つの直角三角形の位置関係を見ると、図の頂点Pに1つ、頂点Qに2つ集まり、PとQは隣り合う頂点ですね。

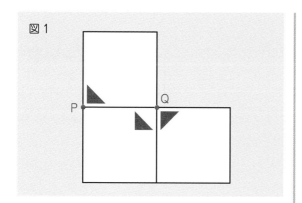

図1

では、この位置関係と合致するか、選択肢を検討します。

肢1 図2のように、重なる辺の先へ面を移動すると、図1と合致するのがわかり、本肢が正解です。

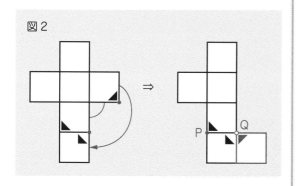

図2

肢2 図3のように、重なる辺を調べると、3つの直角三角形は、すべて図の頂点Pに集まり、合致しません。

肢3 図4のように、重なる辺を調べると、3つの直角三角形はそれぞれ頂点P，Q，Rの位置にあり、1頂点の周りに2つ集まらず、合致しません。

図3　　　　　　図4

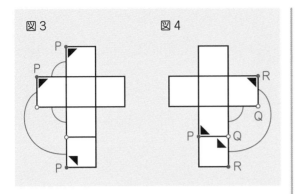

肢4　図5のように、肢3と同様、それぞれ別の頂点の位置にあり、合致しません。

肢5　図6のように、肢3と同様、それぞれ別の頂点の位置にあり、合致しません。

図5　　　　　　図6

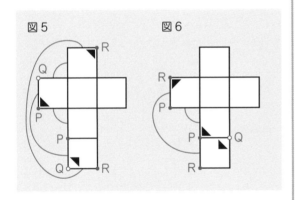

よって、正解は肢1です。

正解 ①

Exercise 90

図のような正六面体ＡＢＣＤ－ＥＦＧＨを３点Ｃ，Ｄ，Ｆを通る平面で切断し、点Ｈを含む立体を考える。この立体の展開図として最も妥当なのはどれか。

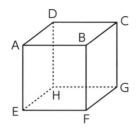

1.

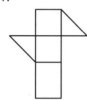

2.

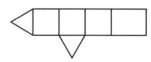

3.

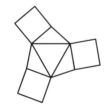

4.

5.

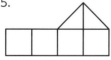

まず、３点Ｃ，Ｄ，Ｆを通る切断面を描きましょう。ＣとＤ、ＣとＦは同一面上の点ですから、そのまま結びます。次に、Ｄを通って、ＣＦに平行な線を左側面に描くと、点Ｅにたどり着きますので、あとは、ＥとＦを結んで、図１のような長方形の切断面になりますね。

パターン45で確認したよね。

図1

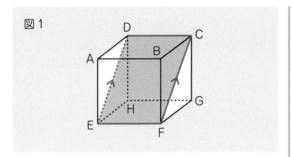

　そうすると、点Hを含むほうの立体は、<u>正方形２面、長方形１面、直角二等辺三角形２面からなる立体</u>になりますので、これを満たす展開図を探すと、肢１のみとなります。

　よって、正解は肢１です。ちなみに、各頂点を記入すると図２のようになります。

正方形は底面ＥＦＧＨと背面ＤＨＧＣ、長方形は切断面ＤＥＦＣ、直角二等辺三角形は側面の半分である、ＤＥＨとＣＦＧのことだよ。

図2

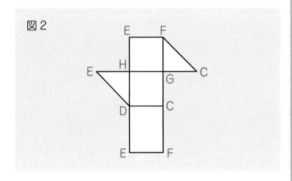

正解①

パターン 51

　各面に数字が書かれている正八面体がある。図Ⅱ及び図Ⅲは正八面体の展開図であるが、図Ⅰのように平行に向かい合う面の数字を合計すると 10 になる場合がある。図Ⅱ及び図Ⅲにおいて、向かい合う面の数字の合計が 10 となるのはそれぞれ何組か。

国家Ⅲ種 1998

図Ⅰ

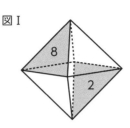

図Ⅱ　　　　　　　　　　　図Ⅲ

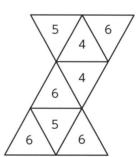

```
        図Ⅱ      図Ⅲ
1.      1組      3組
2.      2組      1組
3.      2組      2組
4.      3組      1組
5.      3組      2組
```

正八面体の展開図について、たとえば次の図1の
ような形があります。この図で、重なる辺を確認しま
しょう。

　正八面体は、1頂点の周りに面が4枚集まりますの
で、すでに4枚の面が集まっている頂点のところは
ふさいでしまいます。つまり、①の3組で、ここは
120度をなす角になりますね。

　そして、あとは立方体と同じように、その隣りどう
しの②が重なります。

ワンポイントアドバイス
One Point
Advice

△と▽を交互に6枚並べて、
あと2枚は図のように上下に
1枚ずつ（どこでも可）で、正
八面体の展開図になるよ！
つまり、変形してこの形になれ
ば、正八面体の展開図として
OK！ってこと。

図1

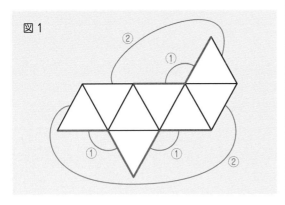

　さらに、重なる辺の先へ面を移動することができる
わけですが、ここで、重なる辺のルールをまとめます。

　立方体では90度、正八面体では120度をなす角
ですが、これは調べる辺のなかで、最も小さな角度を
なす辺で、原則として、このような辺が最初に重なる
ことになります。あとはその隣りどうしが順次重なっ
ていくということになります。

　そして、正八面体について、本問の図Ⅰのような平
行に向かい合う面は、展開図では図2のような位置
関係になりますので、覚えてください。

法則

展開図の重なる辺
①最小の角をなす辺（原則）
②その隣りどうし

ワンポイントアドバイス
One Point
Advice

ある面と向かい合う面って
1つしかないから、この位置
関係はとても重要！
ちなみに、立方体で向かい合う
面の位置関係は、この2面だ
よね。

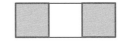

図2

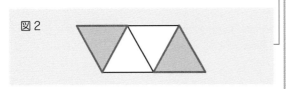

　では、本問の図Ⅱ，Ⅲで、重なる辺の先へ面を移動
させて、向かい合う2面に当たる組を確認し、同じ

アルファベットを記入していきましょう。それぞれ図3のようになりますね。

図3

図Ⅱ

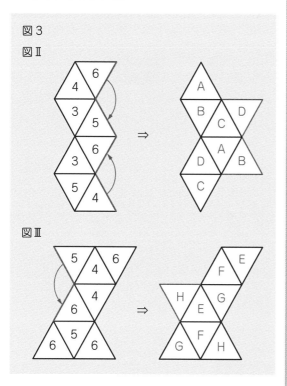

これより、数字の合計が10になるのは、図Ⅱで、AとCの2組、図ⅢではGの1組のみで、肢2が正解とわかります。

正解②

下図のように、表面に模様が描かれた正八面体の展開図がある。この模様が表になるように組み立てたときの図として、最も妥当なのはどれか。

警視庁Ⅲ類 2019

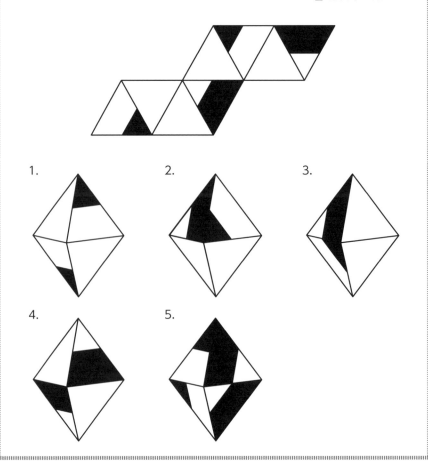

1.　　　　　　　2.　　　　　　　3.

4.　　　　　　　5.

与えられた正八面体の各面は、次の3種類からなりますので、図1のように、A～Cとします。

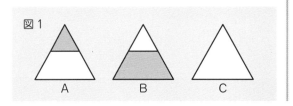

図1

A　　　B　　　C

それぞれの面の数を数えると、A2面、B2面、C4面となり、展開図の各面に図2のように番号を振り、さらに、図のように、重なる辺を調べます。

図2

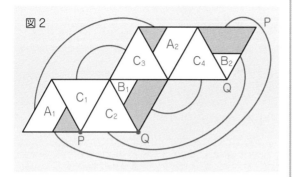

これより、各肢を検討します。

肢1 Aの2面が1点（図3のR）のみをともにしていますが、図2より、Aの2面は隣り合う位置関係にありますので、このような図にはなりません。

肢2 Aの面とB面が隣り合っていますが、このようになるのは、図2から、A_1とB_2とわかります。ここから、図2のPを中心とした4面とわかり、展開図と合致します（図4）。

ナットクいかない方はこちら

A_2と隣り合う面はA_1，C_3，C_4で、B_1と隣り合う面はC_2，C_3，C_4だからね。

図3　　図4

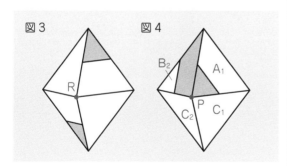

肢3 肢2と同様に、AとBの面が隣り合っていますので、A_1とB_2ですが、この2面は、図2から、B_2の黒いほうの辺（図5の辺ア）で隣り合う関係にあり、図の辺イで隣り合うことはありません。

肢4 Bの2面が1点をともにしており、図2より、その点はQとわかります。しかし、図2のQはB_2の

白い部分の頂点ですが、肢4では黒い部分にあり、
合致しません（図6）。

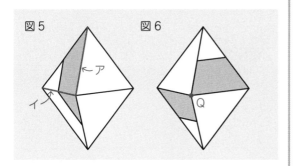

図5　　　　　　　図6

肢5　Bの2面が隣り合っていますが、図2より、
Bの2面は1点（Q）のみともにする位置関係にあり、
このような図にはなりません（図7）。

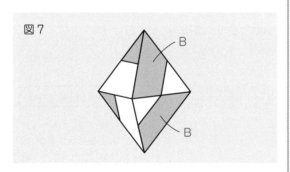

図7

以上より、正解は肢2です。

正解②

次の図は、正二十面体の展開図であるが、図中のA～Eのうち、組み立てたとき図中の点Pと重なるのはどれか。　📖出典 特別区Ⅲ類 2002

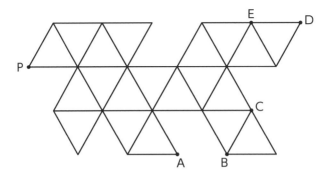

1. A
2. B
3. C
4. D
5. E

重なる辺を調べていきましょう。まず、最小の角度をなす辺は60度をなす、図1の①の5組ですね。

図1

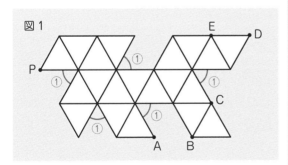

次に、その隣りどうしですが、図2の破線でつないだ2組に着目してください。これらも①の隣りどうしではありますが、ここを重ねてしまうと、図中のPやQの周りに面が3枚しか集まらないまま、ふさいでしまうことになります。

正二十面体は、各頂点に面が5枚集まる立体ですから、この2組は除いて、次に重なるのは図の②の3組です。

ちょっと補足

そのうえ、一辺がダブってるしね！
こんなことは、めったにないけど、複雑な展開図は、注意して辺を重ねてね。

図2

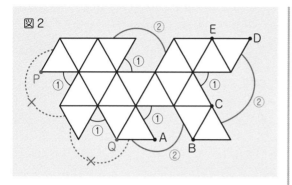

そして、最後に③、④と重なる辺がわかって、図3
のようになります。

図3

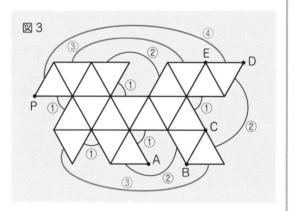

これより、点Pと重なるのは点Dであることがわか
り、正解は肢4ですね。

ちなみに、正二十面体の展開図の、最もポピュラー
な形は、図4のような図形です。参考にしてくださ
い。

図4

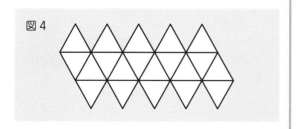

正解 ④

下図は正十二面体の展開図で、それぞれの面に番号を振ってある。これを正十二面体にしたときに言えることとして、最も妥当なのはどれか。

出典 警視庁Ⅲ類 2017

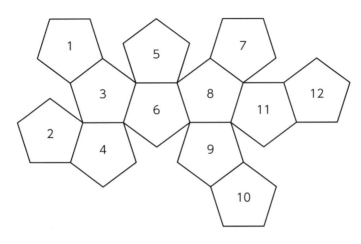

1．1と平行な面は 11 である。
2．2と辺を共有する面は 1，3，4，9，10 である。
3．4と平行な面は 12 である。
4．5と平行な面は 10 である。
5．12と辺を共有する面は 2，4，7，10，11 である。

法則に従って、重なる辺を調べると、図１のようになります。

図1

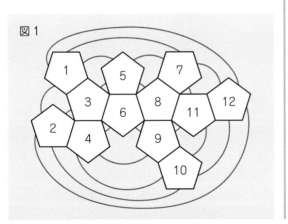

また、正十二面体の平行に向かい合う面は、展開図では図2のような位置関係になります。

ちょっと補足

上向きの正五角形⬠と、下向きの正五角形⬠を交互に4つ並べた図の両端だよ！

図2

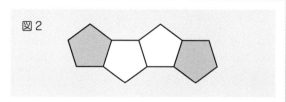

これより、各肢を検討します。

肢1 図1より、6と9の辺を重ねると、図3のようになり、1と平行な面は9となります。

図3

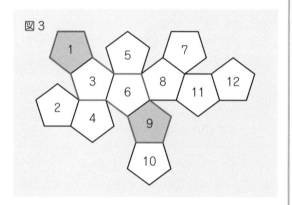

肢2 図1より、2と辺を共有する面は、1，3，4，10，12です。

肢3 4と6の辺を重ねると、図4のようになり、4と平行な面は7となります。

図4

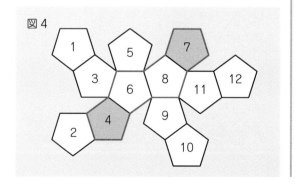

肢4 6と9の辺を重ねると、図5のようになり、5
と平行な面は10となります。

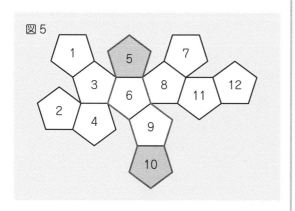

図5

肢5 図1より、12と辺を共有する面は、1，2，7，
10，11です。

　以上より、正解は肢4です。

正解④

図のような立体の展開図として正しいのはどれか。ただし、展開図の点線は折り曲げるものとする。

刑務官 2002

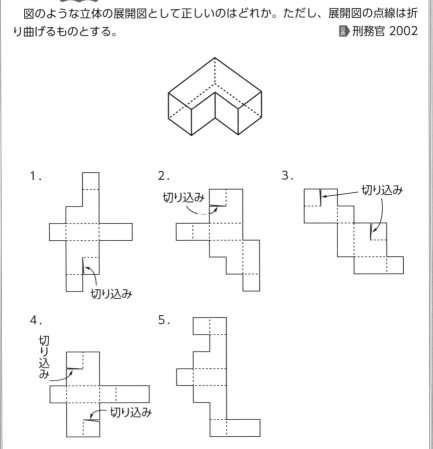

1.

2.

切り込み

3.

切り込み

4.

切り込み

切り込み

5.

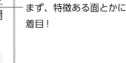

まず、立体を図1のような向きに置き、最も大きなLL字の形をした2枚の面の位置関係を確認すると、図のように、長方形を1枚はさんで対称な展開図になるのがわかります。

まず、特徴ある面とかに着目！

図1

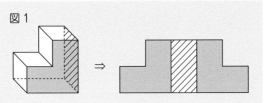

これより、肢1と肢4については、この位置関係を満たしていないことが図2のようにわかりますので、消去できます。

図2
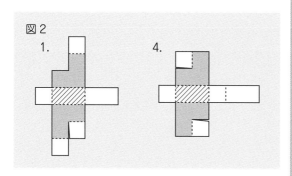

　残る選択肢については、重なる辺とかを考えて組み立てる要領で、検討しましょう。
　立方体と同じように3枚の面が集まる点などに着目して、まず肢2を、図3のように向きを変えて組み立ててみると、図のようになり、これは正しいようですね。

立方体が合体したような立体だからね。

図3
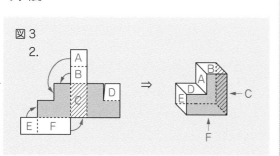

　肢3についても、図4の矢印の辺が重なりますので、これによって面を移動すると、図1の位置関係を満たさないことがわかります。

図4
3.

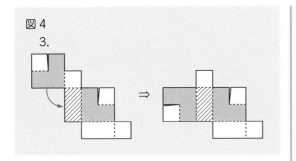

　残る肢5も、向きを変えて組み立てる様子を考え
ると、図5の斜線部分の2面が重なってしまうこと
がわかります。

図5
5.

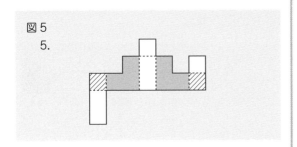

　よって、正解は肢2ですね。

322

Exercise 93

　図Ⅰのような正方形6面、正三角形8面からなる立体がある。図Ⅱはこの立体の展開図であるが、Xを底面として立体をつくったとき、Xと平行となる上面に当たる面はどれか。

刑務官 2005

図Ⅰ

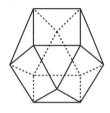

図Ⅱ

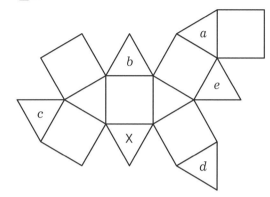

1. a
2. b
3. c
4. d
5. e

　図Ⅰでもわかるように、底面と上面の関係は対称な位置関係に当たります。
　たとえば、図1の①で色のついた正三角形に対しては、反対側の②で色のついた正三角形が、対称な位置にあることがわかりますね。

図1

①

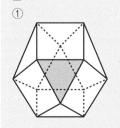

対称

②

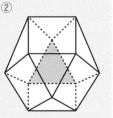

そうすると、図1−①の正三角形をXとすると、こ
れと正方形1面をはさんだ正三角形 b は、たとえば
図2の色つきの正三角形のような位置関係になり、
これと、図1−②の正三角形は、1つの頂点（図の点
P）をともにする位置関係にあります。

図2

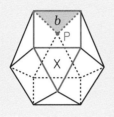

　これより、図Ⅱの展開図で、この位置関係を確認す
ると、図3のように、b と点Pをともにする位置関係
にある正三角形は a であることがわかります。
　よって、正解は肢1ですね。

図3

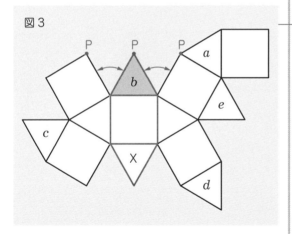

ちょっと補足

図Ⅰから、各頂点に面が4枚
（正三角形2枚，正方形2枚）
集まるのがわかるから、これを
もとに重なる辺が確認できる
ね。

正解 ①

MEMO

SECTION

15 積み木 ➡ スライスせよ！

重要度

ガイダンス

★小さい立方体などを組み合わせて作った立体の構成状態を見る問題で、「1段スライス」で平面化して解く方法を主に用います。

★出題頻度はさほど高くはありませんが、得点しやすいタイプです。

パターン 54

次の図のような、黒い小立方体と白い小立方体とを組み合わせて作った大きい立方体がある。黒い小立方体が見えているところは、反対の面まで連続して黒い小立方体が並んでいるものとする。このとき、白い小立方体の数はいくつか。

東京消防庁Ⅲ類 2005

1. 35 個
2. 36 個
3. 37 個
4. 38 個
5. 39 個

一般に「積み木」といわれる問題で、「1段スライス」という方法で、平面化して解くのが便利です。

一番上の段から4段に分けて、それぞれ上から見た図（平面図）に小立方体の色の様子を描きます。

上の面に見えている2個の黒い小立方体は、下まで連続していますので、<u>すべての段に描き入れて</u>、続いて正面と側面の黒い小立方体を反対の面まで連続するように、<u>各段ごとに描き込んでいく</u>と、次の図のようになりますね。

— 図の○のところだよ！

— 太線のところ。

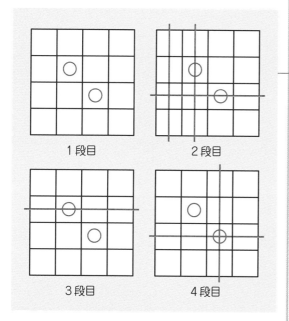

1段目　　2段目

3段目　　4段目

One Point Advice

丁寧に色を塗る必要はないよ。
ちなみに、1段目は描かなくてもわかるでしょ！

よって、<u>白い小立方体の数</u>は、1段目が14個、2段目が6個、3段目が11個、4段目が8個で、<u>計39個</u>とわかり、正解は肢5です。

— 丸や線がないところだよ。

正解 ⑤ ✑

Exercise 94

図のように、29 個の同じ大きさの小立方体をすき間なく積み重ねて立体をつくったとき、他の小立方体と4面のみが接している小立方体の数として、正しいのはどれか。

東京都Ⅲ類 2005

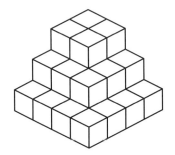

1. 6個
2. 7個
3. 8個
4. 9個
5. 10個

上から1段ずつスライスして、他の小立方体と接する面の数を平面図に記入していきましょう。

まず、上段の4個ですが、底面はすべて中段の小立方体と接しています。側面はそれぞれ2面が隣り合う小立方体と接していますので、4個とも3面になりますね。図1のように、順に「正の字」を記入していくと数えやすいでしょう。

ワンポイントアドバイス
One Point Advice

側面の数え間違いが一番多いので、図のように面が接しているところに太線を引いたりして、丁寧に数えよう！
もっとも、上段は描かなくてもわかるかな？

図1

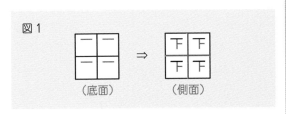

同様に中段ですが、まず上面、そして底面、側面の順に正の字を入れて、図2のように、4面が他の小立方体と接するのは、3個あることがわかります。

——〇で囲んだ3個だよ！

図2

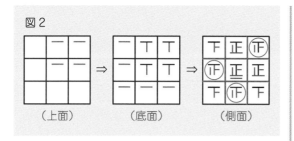

（上面）　⇒　（底面）　⇒　（側面）

　最後に下段も同様に記入して、図3のように4面が他と接するのは4個あることがわかりますね。

図3

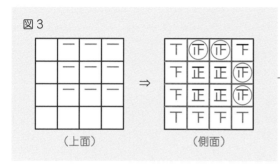

（上面）　⇒　（側面）

──下段の下には小立方体はないからね。

　よって、4面が他と接する小立方体の個数は全部で7個となり、正解は肢2です。

正解 ②

　図の立体は一辺の長さが 1 の立方体を複数積み重ねてできたものであるが、これと組み合わせると、ちょうど一つの一辺の長さが 3 の大きな立方体となる立体として最も妥当なのはどれか。

　ただし、図と選択肢の立体において、最も下の段よりも上に立方体が存在している場合には、その最も下の段まで立方体が存在しているものとする。

海上保安学校（特別）2021

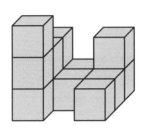

1.

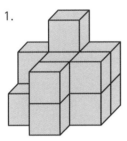

2.

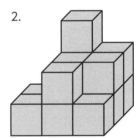

3.

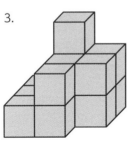

4.

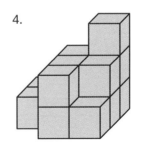

5.

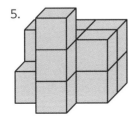

与えられた立体をA、それと組み合わせる立体（選択肢にある立体）をBとします。

まず、立体Aを、図1のように、上から3段にスライスして、立方体がある部分のみ色をつけ、1段目に1個だけある立方体をア、3段目で1個だけ立方体がない部分をイとします。

図1

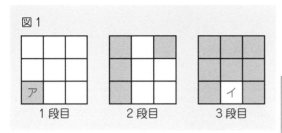

1段目　　　　2段目　　　　3段目

そうすると、立体Bについて、イの部分を埋める立方体に当たる部分を考えると、それぞれ、図2のイと書かれた部分になることがわかります。

ここで、肢4について見ると、イの立方体は、<u>組み合わせてできる立方体の角に当たる</u>ことがわかり、立体Aと位置関係が合いませんので消去できます。

残る選択肢について、イの立方体を立体Aの3段目に組み合わせると、<u>1段目と組み合わせるのはいずれも一番下の段</u>となりますが、肢1と肢5は一番下の段に立方体が7つしかないので、立体Aの1段目と個数が合わず、これらも消去できます。

残る肢2と肢3について、立体Aのアの立方体が埋める部分を見ると、図のアと示した部分になりますが、上から見た図（図1）で、<u>アとイは隣りどうしになり、この位置関係を満たすので肢2のほう</u>になります。

ちょっと補足

ここになるってことね。

ちょっと補足

要するに、逆さまにして組み合わせるわけだね。

ちょっと補足

肢3はこんな位置関係になるね。

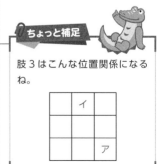

図2

1.

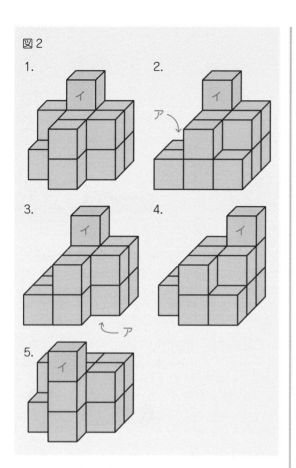

2.

3.

4.

5.

よって、正解は肢2です。

正解 ②

Exercise 95

一辺の長さが 1 の立方体を 3 個組み合わせて作った図 I のような立体がある。いま、図 I の立体を 6 個組み合わせて、図 II の直方体を作った。この直方体を真下（矢印の方向）から見た図として最も妥当なのは、次のうちではどれか。

海上保安学校（特別）2017

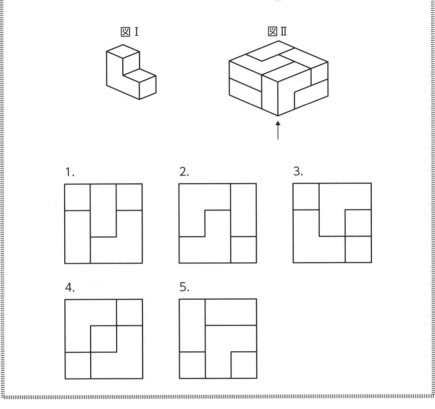

与えられた図 II の立体のそれぞれを、図 1 のように、A〜F とします。

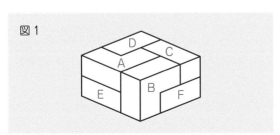

図 1

さらに、この直方体を、上下２段にスライスし、それぞれの構成を調べると、見えている範囲で、図２のようにわかります。下段の見えない部分（図の色のついた部分）は、Ｐ～Ｓとしておきます。

図２

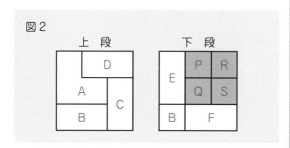

　図１の立体は、立方体を３個組み合わせたものですが、Ｃ，Ｄは上段には２個分しかありませんので、Ｐ～Ｓのうちの１個が、それぞれの一部に当たります。そうすると、<u>Ｃの一部はＳに決まり、ここから、Ｑはうです</u><u>Ｆの一部とわかります</u>。これより、ＰはＥの一部で、ＲがＤの一部となり、図３のようになりますね。

ちょっと補足

Ｃの下はＳとＦだから、Ｓにつながっているよね。Ｆの隣りはＱかＳだから、Ｑにつながっていることになるでしょ！

図３

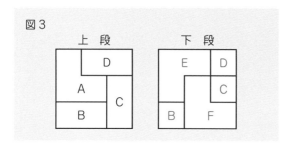

　これより、下段を下から見ると、図４のようになり、正解は肢３です。

図４

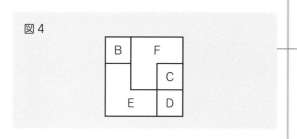

図３の下段を逆さまにした図だよ！

パターン 56

同じ大きさの立方体を積み重ねて立体を作った。この立体を正面から見ても右から見ても図Ⅰのように見え、真上から見ると図Ⅱのように見えた。この立体に使われている立方体の個数として考えられる最大の個数はいくつか。

海上保安学校(特別) 2013

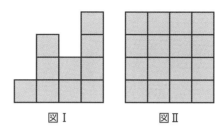

図Ⅰ   図Ⅱ

1. 28個
2. 29個
3. 30個
4. 31個
5. 32個

与えられた平面図（図Ⅱ）に、それぞれの箇所に積み上げられている立方体の数を記入していきましょう。

まず、平面図に、正面と右側面のそれぞれから見て、各列にいくつの立方体が見えるかを、図1のように書き込みます。

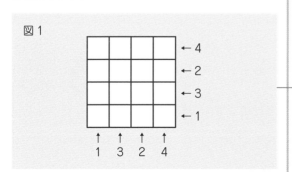

図1

ちょっと補足

問題の図Ⅰより、正面から見ると、左から1個、3個、2個、4個が見えるでしょ!? その数を書き込んだものだよ。

本問では、最大個数を求めるので、できるだけたくさんの立方体が積み上げられている状態を考えます。

まず、「1個」の列に着目すると、図2の色のつい

た部分には 1 個ずつしか積み上げられませんね。図
のように記入しましょう。

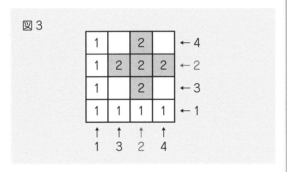

図2

次に、「2個」の列に着目すると、図3の色のつい
た部分になりますね。ここには2個ずつ積み上げる
ことができます。

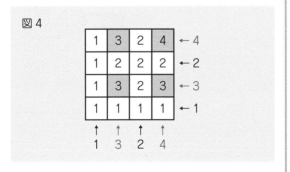

図3

同様に、図4の色のついた部分には3個ずつ、残
るグレー部分は4個を積むことができますので、図
のようになります。

図4

図4より、立方体の個数を数えると、30個となり、正解は肢3です。

正解③

Exercise 96

立方体の透明なガラスケースが27個あり、いくつかのケースに球を1個ずつ入れ、3段積みの大立方体になるように積み重ねる。これを3方向から見たら下の図のように見えた。

このとき、ガラスケースに入れた球の最小個数はいくつか。

裁判所職員一般職 2017

平面図
（上から見た図）

立面図
（前から見た図）

右側面図
（右から見た図）

1. 7個
2. 8個
3. 9個
4. 10個
5. 11個

前問と違って、球の入っていないケースもありますので、3段それぞれについて調べます。

今回、求めるのは「最小個数」ですが、平面図に8個の球が見えていますので、最小でも8個は確実にあります。これより、できれば8個で、ダメならプラス最小個数でこの図のような見え方を完成させましょう。

では、1段目（上段）から、図1のような平面図を用意して、球のある箇所に○を記入します。平面図で球が見えていないグレーの部分には×を記入し、同様に、球が入っている可能性のない箇所には×を記入す

積み上げタイプじゃないからね。

ここで
選択肢を斬る！

肢1は論外！

ることにします。

立面図と右側面図から、1段目に球が見える列と見えない列を、○と×で示します。これより、図2の色のついた部分には球はありませんので、×を記入すると、立面図に見える2個の球は、残る2カ所に確定し、ここに○を記入します。

ナットクいかない方はこちら

ここにあると、図1の×の列からも球が見えることになるでしょ!?

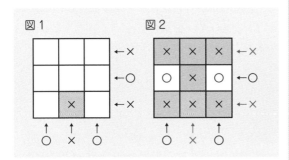

図1　　　図2

同様に、2段目（中段）の見え方から、図3の色のついた部分には球はありませんので、×を記入し、残る5カ所をA～Eとします。

2段目の右側面図から見た各列（図3の①～③）には、最小でもそれぞれ1個の球がありますので、③の列の球はCに決まり、○を記入します。

また、②の列については、BまたはEのいずれかに球があればいいわけですが、Bはすぐ上（1段目）に球がありますので、ここにある必要はありませんね。よって、②の列の球はEのみとし、○を記入します（図4）。残る①の列は、AかDのいずれかに球があればいいわけですが、ここはまだわかりませんので、保留とします。

ちょっと補足

平面図の見え方も満たした上で、必要最小限で済ませることを考えてね。

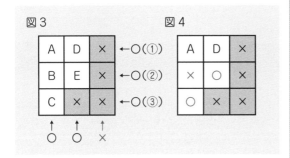

図3　　　図4

338

同様に、３段目（下段）の見え方から、図５の色の
ついた部分に×を記入し、残る４カ所をＦ～Ｉとし
ます。

　ここで、平面図について、球が見えている８カ所
のうち、図２，４の段階でまだ○が記入されていない
部分を考えると、図５のＨとＩには球が確実にある
とわかります。これで、３段目の右側面図の見え方は
満たされますが、立面図の見え方から、ＦとＧのいず
れかに球がある必要があります。しかし、Ｇはすぐ上
（２段目）に球がありますので、ＦのみでOKで、図
６のように記入します。

ちょっと補足

ＨとＩは、その上（１，２段目）
に球はないので、ここにないと
平面図のように見えないで
しょ！

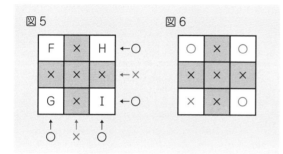

図５　　　　　図６

　これより、２段目のＡとＤについて、Ａはすぐ下
（３段目）に球がありますので、Ｄのみに球があれば
OKとなりますね。これで、平面図の見え方も満たさ
れます。

　以上より、球の入り方は図７のようになり、最小
個数は８個で、正解は肢２です。

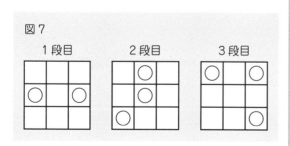

図７

1段目　　　　2段目　　　　3段目

正解 ②

白色と黒色の立方体をそれぞれ4個ずつ用い、それら8個を組み合わせて図のような1つの立方体を作った。この立方体をA，B，Cの3点を通る平面で切ったとき、その断面を表す図形として最も妥当なのはどれか。

ただし、断面を表す図形の上下左右は区別しないものとする。

国家Ⅲ種 2005

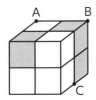

1. 　2. 　3. 　4. 　5.

立方体の切断面は、セクション12で確認しましたね。A，B，Cの3点を通る平面で切って、切断面は図のように長方形になります。

ここで
選択肢を斬る！

肢1，2に絞られたね。

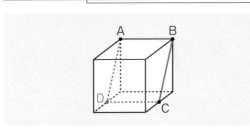

そして、切断されるのは、奥の4個の立方体で、白色が1個と黒色が3個ですね。

個々の立方体に入る切断面も長方形なので、白色の長方形1面と黒色の長方形3面の組合せからなる、肢1が正解とわかります。

ちょっと補足

前列に、白3個と黒1個だから、それぞれ4個から引いたらわかるね。

正解①

本問は上下左右区別なしだからね。

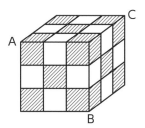

Exercise 97

　次の図のように、同じ大きさで色が異なる2種類の立方体27個を交互に並べて作った立方体がある。いま、頂点A，B，Cを通る平面でこの立方体を切断したとき、その断面にできる模様はどれか。　　　　　　　　出題 特別区Ⅲ類 2003

1.

2.

3.

4.

5.

　A，B，Cを通る切断面が、正三角形になるのはわかりますね。

　そして、たとえば図1で、C，P，Qを通って1個の立方体が切られているように、個々の立方体も正三角形に切断されていることがわかります。

図1

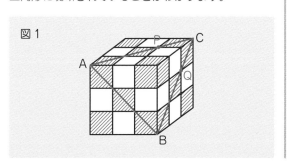

よって、色の異なる正三角形が交互に並べられた切断面になり、正解は肢４ですね。

　ちなみに、こういう積み木の切断問題でも、１段スライスを使う方法があります。

　図２のように各段の境目の点をＤ～Ｇとして、各段の平面図に切断される部分を書き込むと、上段はＡＣからＤＥまで、中段はＤＥからＦＧまで、下段はＦＧからＢまでの範囲になり、図３の色のついた部分になります。これを参考にして、切断面を選ぶこともできるでしょう。

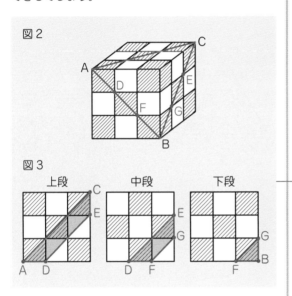

図２

図３

上段　　　　中段　　　　下段

正解④

MEMO

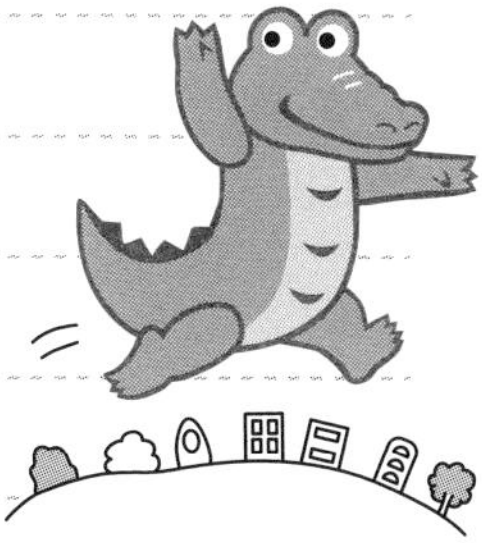

位相 ➡ 点と線の関係を保て!

重要度

パターン **58**

下の図のA〜Eの図形のうち、一筆書きで描くことができるものの組合せとし
て、正しいのはどれか。 ただし、一度描いた線はなぞれないが、複数の線が交わ
る点は何度通ってもよい。　　　　　　　　　　　　　　出典▶東京都Ⅲ類 2016

A　　　　　　　　　　　　　　　　B

C

D　　　　　　　　　　　　　　　　E

1. A, B, D　　　　2. A, C, E
3. B, C, D　　　　4. B, C, E
5. B, D, E

A～Eはいずれも簡単な図形ですから、実際に描いてみてもわかるかもしれませんが、一筆書きができる図形には、決まった条件がありますので、ここでは、これを覚えてください。

　たとえば、Aの図形について、図1のように、各点に集まる線の本数を数えます。その本数が偶数の場合、その点を「偶点」、奇数の場合は「奇点」といいます。

 色のついた点が奇点だよ！

図1

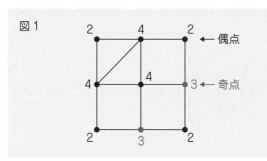

ここで
選択肢を斬る！

肢1，2に絞られたね。あとは、B～Eのうちの1つを調べれば答えは出るようだ！

　一筆書きができる図形の条件は、奇点が0個または2個でなくてはいけないということです。Aの図形の奇点は2個ですから、一筆書きが可能ですね。
　奇点が2個の図形は、その奇点の片方を始点、もう片方を終点とすることで一筆書きができます。Aの図形は、たとえば、図2のように、始点→①→②→…→⑦→終点と描くことができますね。

図2

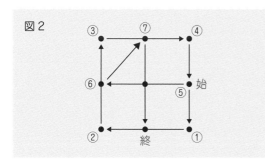

　では、同様に、B～Eの図形について奇点の数を調べると、図3のようになり、Bは6個、Cは0個、Dは6個、Eは2個ですから、一筆書きが可能なのは、A，C，Eとわかります。

 ちょっと補足

始点と終点以外は、図のように、その点に入る→出る→入る→出る…と、入口と出口の2本でセットになるから、偶数本の道がないといけないでしょ！

でも、始点は「出る」から始まるし、終点は「入る」で終わるから、奇数本の道でOK！
だから、奇点がまったくないか、2個だけあるかのいずれかなら、一筆書きが可能ってわけ！
ちなみに、奇点が0個の図形は、どこを始点にしても、そこに戻ってくる。つまり、始点と終点が一致することになるよ。この違いも押さえておこう！

図3

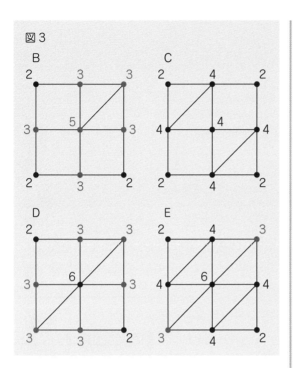

よって、正解は肢2です。

正解②

346

Exercise 98

あ る 製薬会社の社員が、図のような内部構造をもつ病院に新薬の説明にいった。訪問した社員は、ある 1 つの科の前の通路以外のすべての通路を 1 回だけ通って病院内を移動し、帰って行った。この社員が通らなかった通路の前にある科はどれか。

刑務官 1999

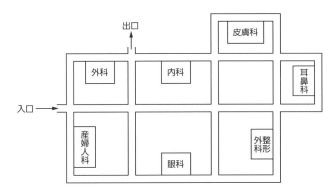

1. 内科
2. 外科
3. 眼科
4. 皮膚科
5. 耳鼻科

あ る 1 つの科の前の通路以外は、すべての通路を 1 回だけ通ったわけですから、通った通路は一筆書きが可能な状態になっているはずです。

では、通路を 1 本の線に書き換えて、各点に集まる線の本数を記入してみましょう。図 1 のようになりますね。

ワンポイントアドバイス
One Point Advice

問題の図のように通路に幅があっても、気にならなければそこに書き込んでいけばいい。
書き直すときは、点と線の関係さえ合っていれば、大きさ（通路の長さとか）なんかどうでもいいからね。

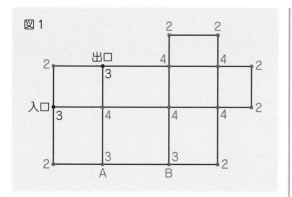

図1

　ここで、入口と出口は始点と終点なので奇点でOK
ですが、図1では他にAとBという2個の奇点があり、
このままでは一筆書きはできませんね。
　しかし、本問では通らなかった通路があるわけです
から、その通路を除くことによって、AとBが偶点に
なるように考えると、図2のように、AとBを結ぶ
通路を除けばいいことがわかります。

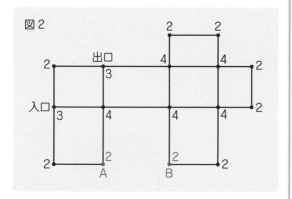

図2

　よって、AB間の通路を除くすべての通路であれ
ば、1回だけ通って移動が可能ですので、社員はAB
間すなわち眼科の前の通路のみ通らずに帰ったことが
わかります。
　これより、正解は肢3ですね。

正解 ③

　図Iのように1〜6の数字が各面に記された立方体の展開図がある。この展開図を数字の面が表になるように組み立てた立方体4個を、図Ⅱのとおり同一の数字の面が互いに接し合うように置いたとき、XとYの面に記された数字はそれぞれいくらか。

　ただし、各面の数字の向きは考慮しないものとする。　🏛入国警備官等 2003

図Ⅰ

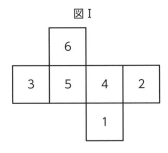

図Ⅱ

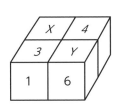

```
     X    Y
1.   2    3
2.   2    4
3.   3    1
4.   3    4
5.   4    3
```

　サイコロに代表される、このような立方体の面の配置を考える問題は、立方体の「位相図」を利用するのが便利です。

　図Ⅱの位相図は次の図1のようになり、真ん中の正方形が上面で、その周りの台形が側面に当たります。

ちょっと補足

立体を点と線の位置関係を保って、平面化した図のことだよ。

図1

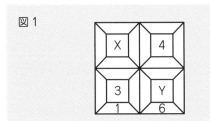

ちょっと補足

底面は見えないから、底面の目はこんなカンジで書けばわかるね。

(6)

また、図Ⅰの展開図から、「1」の面の向かいは「6」

であること、図2のように「1」の面を「3」の下へ
移動させて、「1」を正面、「3」を上面とすると、右
側面に「5」がくること、その「5」の向かいは「2」
であることがわかり、図3のようになります。

セクション14の「展開
図の面の移動方法」を使
うんだよ！

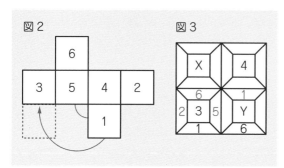

図2

図3

そして、条件より同一の数字の面が接しているわけ
ですから、図4のようにわかりますね。

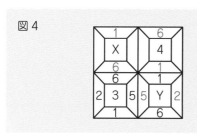

図4

ここで、「Y」の面を考えましょう。「6」と「5」
と「Y」は、図5のように頂点Pの周りに集まる3
面ですが、「6」「5」と1つの頂点をともにするのは、
図6のように、「3」と「4」の2通りがあります。
そうすると、決め手は方向で、「6→5→Y」の順
で見ると、Pを中心に時計回りに並んでいますので、
図から、「3」の面と特定できるでしょう。

「6→5→4」は、反
時計回りだもんね。

ここで
選択肢を斬る！

よく見たら、隣りの立方体を
180度回転させただけだね！
肢1，5に絞られたよ。

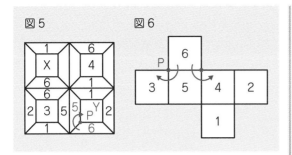

図5　　　　　　　図6

同様に、図7のAの面も、「1→4→A」と反時計
回りに並ぶことから、「5」とわかり、図8のように、
さらに、「6→5→X」と反時計回りで、Xは「4」
とわかります。

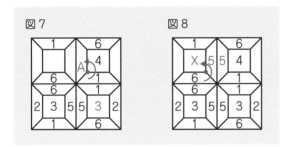

図7　　　　　　　図8

よって、正解は肢5ですね。

正解 ⑤

次の図は、サイコロの展開図と、それを 3 個組み立てたものである。X ～ Z に
あてはまる数の組合せとして、正しいのはどれか。　　　東京消防庁Ⅲ類 2005

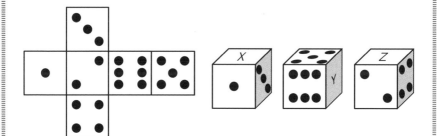

	X	Y	Z
1.	2	3	1
2.	2	4	6
3.	5	3	1
4.	5	4	1
5.	5	4	6

展開図より、まず「1→3→X」と反時計回りに
並ぶ「X」の面を考えます。

図 1 より、「1→3→2」と時計回りに並ぶのがわ
かりますので、X の向かいの面が「2」ですね。

ワンポイントアドバイス
One Point
Advice

時計回り方向の面と、反時計回
り方向の面は、向かい合うか
ら、どっちかわかれば、両方わ
かるよね。

図 1

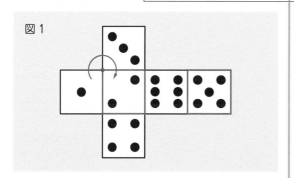

従って、2 の向かいの面である「5」が X とわかり
ます。

次に、「6→5→Y」と時計回りに並ぶ「Y」ですが、
図 2 でそのような Y の面に当たるのは、面を移動さ

ここで
選択肢を斬る！

ここで、肢 3, 4, 5！

せると、「4」とわかりますね。

ここで
選択肢を斬る!

ここで、肢4，5だ！

図2

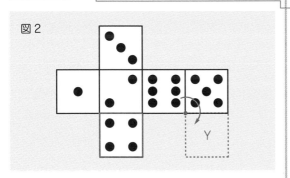

Y

最後に、「2→4→Z」と反時計回りに並ぶ「Z」
は、図3より「6」とわかり、正解は肢5ですね。

図3

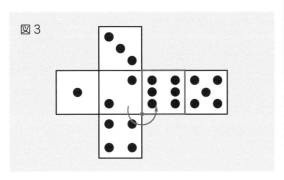

ワンポイントアドバイス
One Point
Advice

サイコロの目の配置は、もちろ
ん感覚でわかればそれで OK
だし、向かいの面がわかれば、
それを利用すればいいね。
この「時計回り」とかの方法は、
最後の手段ってとこかな。

正解⑤

　図のように、サイコロの面と同じ大きさの正方形のマス 9 個からなる図形の左上のマスにサイコロを置き、空いているマスに 1 から 8 までの数を書いた。このサイコロを、正方形に書かれた数字の順に従い、1 から 8 まで、縦または横に滑らさずに転がしていった。サイコロが 8 のマスの上に到達したとき、上を向いている面の目の数はいくらか。

　ただし、サイコロの相対する面の目の数の和は、それぞれ 7 になるものとする。

入国警備官等 2005

	1	2
7	8	3
6	5	4

1. 1
2. 2
3. 3
4. 4
5. 5

　位相図に目の数を書き込んでいきましょう。まず、はじめの状態から「1 のマス」へ横に転がして、目の配置が図 1 のようになるのがわかりますね。

図 1

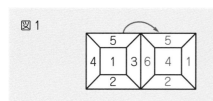

　以下、同じ要領で「8 のマス」まで転がすと、図 2 のようになり、上を向いている面の目の数は「4」で

すね。

図2

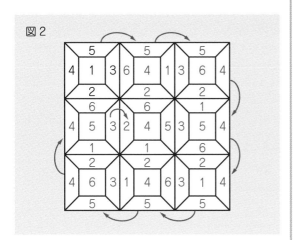

ちょっと補足

なにも全部丁寧に書かなくて
も、必要なところだけ考えて書
いてね。
たとえば、スタート→1のマス
→2のマスで、「2」と「5」
は変化しないでしょ！

よって、正解は肢4です。

正解 ④

図Ⅰのように「あ」，「い」，「う」，「え」，「お」，「か」の文字が書かれた展開図がある。この展開図の破線部を山折りにしてできた立方体を図Ⅱのように置いた後、立方体の面と同じ大きさのマス目の上を滑ることなく1，2，3，4の順に90°ずつ回転させた。このとき、4の位置で立方体の上面に書かれている文字として、正しいのはどれか。　　　　**東京都Ⅲ類 2016**

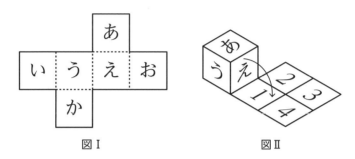

図Ⅰ　　　　　　　　　　図Ⅱ

1．あ
2．い
3．う
4．え
5．お

図Ⅰより、立方体の向かい合う面どうしに書かれた文字の組合せは、「あ」と「か」、「い」と「え」、「う」と「お」とわかります。

これより、はじめの位置での文字の配置は、図1のようになりますね。

図1

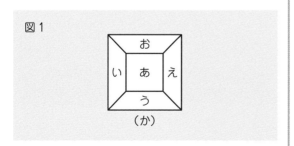

（か）

ちょっと補足

本問は、文字の向きまで問われていないので、どの面がどの文字かわかればOK！

そうすると、ここから、→1→2→3→4と転がすと、図2のようになります。

図2

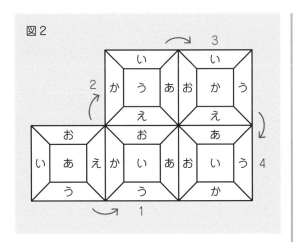

　よって、4の位置での上の面は「い」となり、正解
は肢2です。

正解

MEMO

MEMO

MEMO

MEMO

書籍の訂正情報について

このたびは，本書籍をご購入いただき，誠にありがとうございます。
万が一誤りの箇所がございましたら，以下の方法にてご確認ください。

1 訂正情報の確認方法

書籍発行後に判明した訂正情報を順次掲載しております。
下記Webサイトよりご確認ください。

www.lec-jp.com/system/correct/

2 ご連絡方法

上記Webサイトに訂正情報の掲載がない場合は，下記Webサイトの
入力フォームよりご連絡ください。

lec.jp/system/soudan/web.html

フォームのご入力にあたりましては，「Web教材・サービスのご利用について」の
最下部の「ご質問内容」に下記事項をご記載ください。

- ・対象書籍名(○○年版，第○版の記載がある書籍は併せてご記載ください)
- ・ご指摘箇所(具体的にページ数と内容の記載をお願いいたします)

ご連絡期限は，次の改訂版の発行日までとさせていただきます。
また，改訂版を発行しない書籍は，販売終了日までとさせていただきます。

※上記「2 ご連絡方法」のフォームをご利用になれない場合は，①書籍名，②発行年月日，③ご指摘箇所，を記載の上，郵送
にて下記送付先にご送付ください。確認した上で，内容理解の妨げとなる誤りについては，訂正情報として掲載させてい
ただきます。なお，郵送でご連絡いただいた場合は個別に返信しておりません。

送付先：〒164-0001 東京都中野区中野4-11-10 アーバンネット中野ビル
株式会社東京リーガルマインド 出版部 訂正情報係

- ・誤りの箇所のご連絡以外の書籍の内容に関する質問は受け付けておりません。
  また，書籍の内容に関する解説，受験指導等は一切行っておりませんので，あらかじめ
  ご了承ください。
- ・お電話でのお問合せは受け付けておりません。

著者紹介

畑中敦子（はたなかあつこ）

大手受験予備校を経て、1994 年より LEC 東京リーガルマインド専任講師として、公務員試験数的処理の指導にあたる。独自の解法講義で人気を博し、多数の合格者を省庁等へ送り込んだ。2008 年に独立し、2014 年に（株）エクシア出版を設立。執筆活動、出版活動を行っており、著作等の累計発行部数は 160 万部を超える。主な著書は「数的推理ザ・ベスト NEO」「判断推理ザ・ベスト NEO」（いずれもエクシア出版）など。

STAFF

キャラクターデザイン，カバー・本文イラスト
横山裕子

本文デザイン，カバー装丁
越郷拓也

本文校正
甲斐雅子　柴﨑直孝
株式会社東京リーガルマインド

編集協力
小野寺紀子　平井美恵　長縄あかり

高卒程度公務員試験

畑中敦子の天下無敵の数的処理！
①判断推理・空間把握編　第3版

2006 年 6 月 20 日　第 1 版　第 1 刷発行
2023 年 5 月 10 日　第 3 版　第 1 刷発行

著　者　畑中敦子

発　行　株式会社エクシア出版
　　　　〒102-0083　東京都千代田区麹町 6-4-6

　　　　株式会社東京リーガルマインド
　　　　〒164-0001　東京都中野区中野 4-11-10
　　　　アーバンネット中野ビル

発　売　株式会社東京リーガルマインド
　　　　LEC コールセンター　☎ 0570-064-464
　　　　　　　受付時間　平日 9:30〜20:00 / 土・祝 10:00〜19:00 / 日 10:00〜18:00
　　　　　　　※このナビダイヤルは通話料お客様ご負担となります。
　　　　書店様専用受注センター　TEL 048-999-7581 / FAX 048-999-7591
　　　　　　　受付時間　平日 9:00〜17:00 / 土・日・祝休み
　　　　www.lec-jp.com/

印刷・製本　中央精版印刷株式会社